FACULTÉ DE DROIT DE PARIS.

DE LA TRANSACTION

EN DROIT ROMAIN ET EN DROIT FRANÇAIS

THÈSE
POUR LE DOCTORAT

PAR

Paul DUMAS

PARIS
IMPRIMERIE DE E. DONNAUD
9, rue Cassette, 9.

1871

FACULTÉ DE DROIT DE PARIS.

DE LA
TRANSACTION
EN DROIT ROMAIN ET EN DROIT FRANÇAIS

THÈSE POUR LE DOCTORAT

PRÉSENTÉE ET SOUTENUE

Le jeudi, 26 octobre 1871, à midi,

PAR

Paul DUMAS

PRÉSIDENT : M. LABBÉ, *professeur.*

Suffragants : MM. COLMET-DAAGE, DUVERGER, DEMANTE, *Professeurs.* BOISTEL, *Agrégé.*

Le candidat répondra en outre aux questions qui lui seront faites sur les autres matières de l'enseignement.

PARIS
IMPRIMERIE DE E. DONNAUD
9, rue Cassette, 9.

1871

A MON PÈRE ET A MA MÈRE.

INTRODUCTION.

> *Proprium hoc statuo esse virtutis conciliare animos hominum.*
> Cic., de Officiis, II, 5.

La préoccupation constante d'une législation sage doit être de faire disparaître, ou tout au moins de rendre moins fréquentes, les contestations et les luttes entre les citoyens et de maintenir entre eux la paix et la concorde qui garantissent l'ordre social.

Des divers moyens offerts par la loi pour rétablir cette harmonie trop souvent troublée, le plus heureux dans ses effets est sans contredit la transaction « qui rend les parties elles-mêmes leurs » propres arbitres et qui résout leurs différends » par les dispositions qu'elles trouvent bon d'ar- » rêter ensemble. » (Disc. de M. Gillet au Corps législatif.)

Cette convention, dit Bartole (s. la L. 1, *pr. C. de trans.*), « est certainement l'une des plus utiles » qui soient réglées dans tout le corps du droit »; et en effet, outre les soins et l'argent qu'elle épargne, la transaction a sur les jugements, mode ordinaire de mettre fin à un litige, de nombreux et précieux avantages.

« Chaque partie, dit M. Bigot-Préameneu, dans » son discours au Corps législatif, se dégage alors » de toute prévention ; elle balance de bonne foi » et avec le désir de la conciliation l'avantage » qui résulterait d'un jugement favorable et la » perte qu'entraînerait une condamnation ; elle » sacrifie une partie de l'avantage qu'elle pour» rait espérer pour ne pas éprouver toute la » perte qui est à craindre. » (Fenet, t. XV, p. 112.) C'est un traité de paix qui rétablit l'union et maintient la concorde bien plus sûrement que les décisions de la justice qui, trop souvent, laissent subsister dans l'esprit des parties des sentiments d'irritation et de malveillance, et peuvent y faire naître, contre un juge impartial et intègre, d'injustes préventions. Sans doute, nous sommes loin du temps où l'on pouvait, avec Pétrone (*satir.* XIV), qualifier la sentence du juge de *publica merces;* mais, en présence des divergences d'opinions qui partagent les plus savants jurisconsultes, il est toujours permis de craindre l'erreur du juge, et il est le plus souvent fort sage de se rappeler à propos la maxime romaine : *melior est certa pax quam sperata victoria.*

Il ne faudrait pas conclure de ce que nous venons de dire que le jurisconsulte consciencieux doive dans toutes les hypothèses recommander la transaction. Ce serait aller trop loin. Quand une prétention lui paraît inique, il ne saurait, sans se faire le complice de l'improbité de celui qui l'élève, lui donner un autre conseil que de s'en désister. Quand elle lui semble juste et bien fondée, il ne pourrait, sans manquer à son devoir, l'engager à sacrifier un droit incontestable plutôt que d'en appeler au juge. Ce qu'il convient de dire, c'est qu'on ne saurait trop recommander la transaction lorsqu'il peut à bon droit s'élever quelque doute sur le succès d'une cause et que la question litigieuse ne présente qu'obscurité.

C'est alors que la transaction apparaît avec ce caractère de haute moralité qui lui a valu de tout temps la faveur du législateur, et c'est pourquoi aujourd'hui il est peu de contestations dont notre législation permette la connaissance au juge avant qu'il ait été fait une tentative d'arrangement entre les parties. Déjà l'Assemblée constituante, par la loi du 24 août 1790, avait institué des bureaux de conciliation à l'imitation des tribunaux des *faiseurs de paix* qui depuis longtemps fonctionnaient avec succès en Hollande. Cette institution a été maintenue avec certaines restrictions par les rédacteurs du Code de procédure, et si elle n'a pas toujours répondu aux espérances qu'on en avait conçues, il est juste pourtant de constater que, dans les campagnes surtout, elle a rendu et rend chaque jour d'inappréciables services en arrêtant les procès, car si nous sommes loin aujourd'hui des combats judiciaires du moyen âge, la lutte en justice n'en est toujours pas moins la guerre et une guerre trop souvent ruineuse.

Chez nous, comme chez les Romains, le mot *transaction* présente une double acception. Dans son sens le plus large et le plus vague, il s'entend de toutes conventions, de tous traités ayant pour but la spéculation ou la conclusion définitive d'une affaire. C'est là le sens que nous lui trouvons d'ordinaire dans le langage usuel et quelquefois aussi dans les textes juridiques. Mais ce n'est pas là son acception exacte et technique. Dans la langue précise du droit, le mot *transaction* a un sens plus restreint et plus spécial ; c'est une convention par laquelle les parties préviennent un procès à naître ou terminent un procès déjà né.

C'est cette convention que nous nous proposons d'étudier, en droit romain d'abord, puis en droit français.

DROIT ROMAIN.

DE LA TRANSACTION.

CHAPITRE I.

DE LA NATURE ET DES CARACTÈRES ESSENTIELS DE LA TRANSACTION.

1. La transaction est une convention, et comme telle soumise aux règles générales qui gouvernent les conventions. Mais outre les conditions qui, telles que le consentement et la capacité des parties, l'objet licite et la juste cause, sont communes à toutes les conventions, deux conditions spéciales sont nécessaires à l'existence de celle-ci et la distinguent de toutes les autres. Il faut en premier lieu que l'objet de la transaction soit une chose, sinon litigieuse, au moins incertaine; il faut en second lieu,

cela semble du moins, nous le verrons plus tard, résulter des textes, qu'il y ait de la part des cotransigeants réciprocité de concessions. Si l'une de ces conditions fait défaut, la transaction ne saurait exister.

§ 1. — *Droit douteux ou litigieux.*

2. La première de ces conditions est indiquée dans la L. 1, D. *de trans.* Celui qui transige, transige parce qu'il y a doute sur l'existence de son droit. Il n'est pas nécessaire que la transaction porte sur une question en réalité litigieuse, il suffit qu'il y ait incertitude dans l'esprit des parties. Cependant, bien que la simple indécision soit une cause suffisante à la validité d'une transaction, cette convention a généralement pour but de terminer ou de prévenir un litige présent ou probable. Il n'est pas nécessaire que le procès soit engagé : la seule crainte d'une contestation, même sur une difficulté qui n'existe que dans l'imagination des parties, est suffisante, pourvu qu'elle soit sérieuse (L. 2, C. *de trans.*). Mais si par pure chicane, et dans le seul but d'obtenir certains avantages, l'une des parties amenait l'autre à consentir une transaction pour échapper à la menace d'un procès, cette transaction serait nulle et celui qui l'aurait obtenue d'aussi mauvaise foi devrait restituer ce qu'il aurait reçu et de plus serait tenu, comme *calumniator*, d'une action *in quadruplum*

(L. 65, § 1, D. *de cond. indeb.* — L. 1, *pr. et* § 3, L. 3, § 2, D. *de calumn.*).

3. La transaction qui intervient sur un droit non contesté, mais soumis à une condition encore pendante, est également valable. Tant que la condition est encore en suspens, il n'y a pour chacune des parties qu'un droit douteux auquel elles peuvent par une convention substituer un droit certain. La L. 11, C. *de trans.* nous en donne un exemple : un père laisse sa succession à ses deux fils, et charge celui qui mourra le premier d'un fidéicommis au profit de son frère. Les deux héritiers font une transaction et conviennent de garder la libre disposition de leur part d'héritage, en renonçant au bénéfice du fidéicommis. Bien que dans l'espèce le droit de chaque partie soit non litigieux, mais simplement conditionnel, cette transaction est parfaitement valable.

4. Il n'est même pas nécessaire que le droit incertain dépende d'une condition, il suffit qu'il soit simplement aléatoire. Nous en trouvons la preuve dans la L. 8, D. *de trans.* Il s'agit d'un legs d'usufruit ou de rente viagère: Il est impossible d'apprécier dès à présent la valeur exacte d'un droit dont la durée présente une telle incertitude. La convention qui lui substitue un droit immédiatement appréciable constitue une véritable transaction.

5. Ainsi donc, il suffit qu'il existe dans les rapports juridiques des parties une incertitude

quelconque pour que la transaction soit possible. Si au contraire il ne s'élève aucun doute sur l'existence ou la validité d'un droit, la transaction est impossible. Du reste, nous l'avons dit, dès l'instant qu'un droit est jugé litigieux par les parties intéressées, il peut faire l'objet d'une transaction. Mais si le litige a pris fin, si la contestation a été terminée par un jugement, la transaction ne peut plus avoir lieu, puisque le doute a disparu. La transaction intervenue sur chose jugée ne saurait donc être maintenue (L. 32, C. *de trans.*), que la sentence soit ou non connue des parties.

6. Ce n'est pas à dire que toutes les fois qu'un jugement sera intervenu la transaction soit devenue impossible. Nous trouvons dans les textes plusieurs exceptions à ce principe.

Ainsi, la transaction vaudra si l'appel a été ou peut être encore interjeté (L. 7, *pr.*, D. *de trans.*). Il en sera de même si l'existence du jugement est niée ou simplement douteuse (L. 11, D. *de trans.*); si la sentence n'a pas été valablement rendue ou si la validité peut en être contestée (L. 23, § 1, D. *de cond. indeb.*); si la condamnation prête à l'arbitraire ou si le juge a statué *ultra petita* (L. 18, D. *communi divid.* — L. 3, C. *de sentent. quæ sine certa quant.*); enfin si la *restitutio in integrum* a été demandée (L. 32, C. *de trans.*). Dans ces différents cas, en effet, l'élément essentiel, la crainte d'un procès, subsiste, et les principes du droit doivent faire admettre la transaction. Il faut, par analogie de motifs, étendre cette exception aux cas, rares d'ailleurs, où il s'élèverait un doute sérieux, soit sur la recevabilité d'un appel ou d'une demande en *restitutio in integrum*, soit sur l'interprétation ou l'exécution du jugement.

Enfin la transaction peut encore avoir lieu quand le *jussus* du juge, dans une action arbitraire, n'a pas encore été exécuté, car, bien que l'autorité de la chose jugée soit attachée à la *declaratio* qui précède ce *jussus*, néanmoins, tant qu'il n'y a pas eu condamnation, le litige n'est pas terminé, il y a toujours doute sur un point : la satisfaction prescrite sera-t-elle donnée? et si elle ne l'est pas, quel sera le montant de la condamnation? Cette possibilité de transiger après le *jussus* nous explique comment Paul a pu considérer comme une sorte de transaction l'acte d'un possesseur qui, plutôt que de restituer la chose revendiquée, préfère se laisser condamner à la somme fixée par le demandeur (L. 46, D. *de rei vindic.*).

7. La transaction serait également impossible s'il y avait eu *confessio in jure* portant sur une somme déterminée, car cette *confessio* est alors assimilée à un jugement (L. 6, *pr.* D. *de confessis*). Il en serait de même si le demandeur avait reconnu *in jure* la justesse de la défense, car il se verrait dès lors refuser l'action (L. 9, *pr.*, D. *de jurejur.*).

8. Le serment prêté ou refusé par la partie à qui il est déféré doit, comme le jugement auquel nous

le voyons assimilé dans les textes (L. 2, D. *de jurej.* — L. 13, D. *quib. mod. pign.* — L. 1, *pr.*, D. *quar. rer. act.*), mettre obstacle à toute transaction postérieure. Toutefois nous devrons admettre ici certaines restrictions que nous avons déjà rencontrées à l'égard du jugement. Ainsi, le serment ne doit pas être nié; de plus, quand il émane du demandeur, il ne doit laisser subsister aucun doute ni sur l'existence, ni sur la quotité du droit en question.

9. Qu'arrivera-t-il au cas où une transaction sera intervenue sur chose jugée, et où la partie condamnée aura payé en exécution de cette convention? Si le débiteur a payé en exécution de la transaction, il aura la *condictio indebiti* pour recouvrer la somme ainsi payée, ou bien le créancier pourra garder cette somme en l'imputant sur le montant de la condamnation. Si le débiteur a exécuté la condamnation et la transaction, il aura la *condictio indebiti* pour répéter ce qu'il aura payé en vertu de la transaction (L. 23, § 1, D. *de cond. indeb.* — L. 7, §§ 1 *et* 2, D. *de trans.*).

§ 2. — *Concessions réciproques.*

10. La seconde condition nécessaire à la validité de la transaction, c'est qu'il y ait entre les parties réciprocité de concessions.

Ces concessions mutuelles peuvent s'effectuer de deux manières distinctes : ou il y aura partage du différend dans la proportion qu'il plaira aux parties, ou bien il y aura de la part de l'une ou de l'autre renonciation complète à sa prétention, moyennant une dation ou un engagement de la part de son adversaire.

Cela ressort de la L. 3, C. *de repud. vel abstinend. heredit.* et des LL. 21 et 38, C. *de trans.*, où le principe est ainsi formulé : *transactio nullo dato, vel retento, seu promisso minime procedit.* Il faut compléter la formule un peu trop concise de la L. 38 qui suppose de la part du demandeur abandon total ou partiel de sa prétention. Or il peut très-bien se faire qu'il n'y ait aucune renonciation de la part du demandeur ; c'est ce qui aura lieu lorsque, moyennant un engagement ou une dation de sa part, son adversaire consentira à reconnaître sa prétention (L. 9, C. *de trans.*).

La L. 38 omet encore le cas où l'engagement pris par le défendeur envers la partie adverse en retour de sa renonciation aurait eu lieu par simple pacte ; il n'y a pas eu promesse, à strictement parler, puisqu'il n'y a pas eu stipulation, et pourtant il y là une transaction incontestable (L. 28, C. *de trans.*).

Enfin il y aurait encore transaction si le demandeur se désistait de sa prétention moyennant la libération que lui accorderait le défendeur, son créancier (L. 33, C. *de trans.*).

Dans toutes les hypothèses que nous venons d'examiner, il y a aliénation de la part de celui qui transige. Cela est évident quand il y a *datio* immédiate. S'il y a *promissio*, l'obligation contractée amène la diminution d'un patrimoine au profit d'un autre, et conséquemment une aliénation. Enfin, lorsqu'il y a *retentio* partielle du droit sur lequel on transige, il y a aliénation pour la différence ; si on retient le droit en totalité, ce ne peut être qu'au prix d'une charge quelconque en faveur de l'adversaire, et ici encore il y aura aliénation.

C'est cette réciprocité de concessions de la part des parties qui distingue la transaction du désistement, de l'acquiescement, de la remise gratuite, toutes conventions ayant aussi pour résultat d'empêcher ou de finir un litige.

11. Nous pouvons, après cet examen des caractères de la transaction, la définir : une convention par laquelle, moyennant des concessions réciproques, les parties préviennent ou terminent une situation juridique pouvant donner lieu à un litige ou à une incertitude quelconque.

CHAPITRE II.

DES FORMES DE LA TRANSACTION ET DES ACTIONS QUI EN DÉCOULENT. — DES MODALITÉS DONT ELLE EST SUSCEPTIBLE — DE SA PREUVE.

I. — *Des formes de la transaction et des actions qui en dérivent.*

12. La transaction n'est assujettie à aucune forme spéciale. *Nulla specialis est transactionum forma*, dit Pothier, *et varie fieri possunt* (*Pan. decl. Justin.*, *de trans.*, § VI.) C'est par l'emploi des modes ordinaires de faire naître ou d'éteindre des obligations, acceptilation, contrat innomé, simple pacte, qu'elle produit ses divers résultats et qu'elle acquiert l'existence juridique que le droit civil ne lui reconnaît pas autrement. Toutefois les conséquences de la transaction seront bien différentes suivant que les parties auront choisi l'un ou l'autre des trois modes que nous venons d'indiquer.

Nous allons examiner successivement chacun de ces trois modes d'opérer la transaction et les moyens plus ou moins efficaces qui en dérivent pour amener son exécution.

13. *Acceptilation.* — Etudions tout d'abord la transaction formée par acceptilation.

L'acceptilation est un payement fictif qui se fait au moyen d'une interrogation et d'une réponse conforme échangées en termes solennels, et qui éteint de plein droit toute obligation verbale, en vertu de cette ancienne règle du droit romain que toute obligation est éteinte de plein droit par un mode analogue à celui de sa création (L. 35, 100, 153, D. *de reg. jur.*). Si donc la transaction porte sur une créance née *verbis*, rien de plus régulier et de plus facile que l'emploi de l'acceptilation; elle éteindra *ipso jure* l'action du demandeur. Mais l'acceptilation n'éteint qu'*exceptionis ope*, à la manière d'un simple pacte, toute autre espèce d'obligation. Pour étendre aux obligations non verbales l'effet de l'acceptilation et amener leur extinction selon le droit civil, le jurisconsulte Aquilius Gallus, contemporain de Cicéron, composa une formule qui a gardé son nom et qui sert à transformer, par novation, toute obligation préexistante en une obligation verbale qui est alors immédiatement éteinte par acceptilation (*Inst.* III, 29, § 2. — L. 4, D. *de trans*).

Nous disons que la stipulation Aquilienne doit être suivie de l'acceptilation, bien que plusieurs textes ne mentionnent pas cette formalité (L. 2, L. 9, § 2, L. 15, D. *de trans.* — L. 3, C. *de trans.*). Mais quand ces lois parlent de transactions opérées par stipulation Aquilienne sans faire mention de l'acceptilation qui l'a suivie, c'est là un langage elliptique d'où il ne faut rien conclure, si ce n'est que dans l'esprit des jurisconsultes romains l'idée de stipulation Aquilienne impliquait toujours celle d'une acceptilation subséquente.

Si au lieu de porter sur un droit de créance, la contestation qu'il s'agit de prévenir porte sur un droit réel, la stipulation Aquilienne trouve-t-elle dans ce cas son application? Ce qui fait naître un doute, c'est que cette formule opère au moyen d'une novation et que la novation n'éteint pas un droit réel. Cependant la stipulation Aquilienne devra s'appliquer encore ici, et éteindra *ipso jure* l'action réelle (*Inst.*, lib. III, tit. XXIX, § 2). Le demandeur stipulera non la chose même dont il se prétend propriétaire, mais la valeur de cette chose (L. 82, *pr.*, D. *de verb. oblig.*), et devenu ainsi créancier *verbis*, l'acceptilation par lui faite sera valable. Si la chose est *nec mancipi*, le possesseur en deviendra immédiatement propriétaire; si elle est *mancipi*, il aura seulement une juste cause d'usucapion. Il est vrai que dans la L. 15, C. *de trans.*, les empereurs Dioclétien et Maximien décident que la pétition d'hérédité sera éteinte si elle a fait l'objet d'une stipulation Aquilienne suivie d'acceptilation, mais les empereurs veulent simplement dire que le demandeur pouvant alors voir son action repoussée au moyen d'une exception, se trouve dans la même situation que si son action n'existait plus. Mais la distinction entre les choses *nec mancipi* et les choses *mancipi* ayant été supprimée par Justinien, le possesseur deviendra toujours désormais immédiatement propriétaire, si la propriété appartient en réalité au demandeur.

14. Examinons maintenant comment s'exécutera la transaction formée par acceptilation. Nous avons vu que l'action du demandeur est éteinte *ipso jure*, qu'elle soit personnelle ou réelle. Le défendeur ainsi libéré de plein droit n'a donc que faire d'une exception. Il n'aura pas non plus besoin d'action puisqu'il a obtenu par sa libération tout l'avantage qu'il recherchait en transigeant. Mais s'il refuse d'exécuter la transaction, comment le demandeur pourra-t-il l'y contraindre? Si le demandeur a eu soin, après l'acceptilation, de stipuler certains avantages en récompense de sa renonciation, l'action *ex stipulatu* lui est ouverte pour forcer le défendeur à exécuter ou à subir une condamnation.

Mais s'il n'y a pas eu de stipulation, s'il n'y a eu qu'une simple promesse de la part du défendeur, dans ce cas la transaction constitue un contrat innomé, et nous verrons, en étudiant cette seconde forme de la transaction, quelle est l'action qui en résulte.

15. *Contrat innomé.* — Le demandeur qui, pour exécuter la convention, a libéré son adversaire de l'action dont il était tenu, n'a exécuté que *propter causam*, pour obtenir du défendeur un fait ou une dation. Il aura, pour arriver à ce résultat l'action *præscriptis verbis*. Si la *causa* est un fait, le contrat innomé se présente sous la

forme d'un *do ut facias*, il y a ouverture à l'action *præscriptis verbis*, cela est incontestable (L. 5, § 1, D. *de præscr. verb.*). Que si la *causa* est une dation, si le contrat innomé se présente sous la forme d'un *facio ut des*, il peut sembler difficile d'accorder ici au demandeur l'action *præscriptis verbis* en présence de cette déclaration si positive de Paul (L. 5, § 3, D. *de præscr. verb.*) : « Si j'ai » fait pour que vous donniez, il n'y aura point » d'action civile ; mais on donnera l'action de » dol. » Pourquoi donc Paul, après avoir admis l'action *præscriptis verbis* dans les contrats *do ut des*, *do ut facias*, et même, non sans quelque hésitation toutefois, dans le contrat *facio ut facias*, la refuse-t-il si catégoriquement dans le contrat *facio ut des?* Pour expliquer cette singularité, il faut rappeler un débat qui divisa longtemps les deux écoles des Sabiniens et des Proculiens à propos de l'action à accorder en cas de contrat innomé.

16. Les Proculiens admettaient généralement l'action *præscriptis verbis*. Quant aux Sabiniens, si le contrat en question présentait quelque analogie avec un contrat nommé, ils donnaient l'action de ce contrat, sinon ils accordaient une action *in factum* ou une action *de dolo*, suivant les circonstances. L'opinion des Proculiens finit par l'emporter, surtout dans les cas où le contrat innomé offrait quelque ressemblance avec un contrat nommé. Or le contrat *do ut des* offre une analogie évidente avec la vente, le contrat *do ut*

facias avec le louage; quant au contrat *facio ut facias*, son analogie avec le mandat, contrat essentiellement gratuit, n'est plus aussi manifeste, d'où l'hésitation de Paul en cette hypothèse.

Mais pour le contrat *facio ut des*, Paul ne lui trouve de ressemblance avec aucun contrat nommé; aussi n'hésite-t-il pas à refuser l'action *præscriptis verbis*, et comme il n'y en a aucune autre, et qu'il en faut absolument une, il donne alors l'action de dol. C'est sans doute à titre de plus grande sévérité, l'action de dol étant pénale et infamante, que le jurisconsulte veut qu'elle soit employée contre un manque de foi beaucoup plus grave en cette sorte de contrat où la partie qui a exécuté en vue de la dation de l'autre se trouve à la discrétion de celle-ci, que dans les contrats *do ut des*, *do ut facias*, où la chose donnée peut être répétée, ou même que dans le contrat *facio ut facias*, où les deux parties sont dans une situation identique, l'une ou l'autre pouvant exécuter la première.

Telle est la doctrine de Paul. Nous n'en croyons pas moins que, même dans cette hypothèse, l'action *præscriptis verbis* doive être concédée. Déjà du temps de ce jurisconsulte, son opinion trouvait des contradicteurs, et Ulpien notamment, dans l'hypothèse d'un contrat *facio ut des*, donne l'action *præscriptis verbis* (L. 15, D. *de præscr. verb.* — L. 7, § 2, D. *de pactis*). Cette doctrine d'Ulpien est consacrée par les LL. 6 et 33, C. *de trans.* et par la L. 22, D. *de præscr. verb.*, et c'est précisément sur ces textes que nous nous fondons pour soutenir, contrairement à l'opinion de Cujas (*ad tit. præscr. verb. — ad lib. quint. Quæst. Justin. Paul.*), de Doneau *de præscr. verb.*, c. 10, s.), de Noodt (*de pact. et trans.* c. 9), que l'action *præscriptis verbis* s'applique au contrat *facio ut des* comme aux autres contrats innomés.

17. *Pacte.* — La transaction peut encore se former par un simple pacte *de non petendo.* Comme tous les autres pactes, cette convention était sans force au point de vue du droit civil, mais le droit prétorien accorde au défendeur l'exception *pacti conventi* pour repousser l'action du demandeur que le pacte n'a pas éteinte. Si le défendeur a rempli son engagement vis-à-vis du demandeur et que celui-ci intente contre lui son ancienne action, le défendeur triomphera indubitablement au moyen de l'exception *pacti conventi* (L. 24, C. *de trans.*). S'il a refusé d'effectuer la dation promise, alors il pourra bien toujours invoquer l'exception, mais elle échouera devant la *replicatio doli mali* que lui opposera le demandeur (L. 28, C. *de trans.*). Le demandeur obtiendra ainsi, non pas tout ce que son action lui eût fait obtenir s'il n'y avait pas eu transaction, mais simplement l'exécution de cette convention. « Si,
» disent les empereurs Dioclétien et Maximien,
» vous avez transigé étant majeur de vingt-cinq
» ans, bien qu'il soit prouvé que vos adversaires
« ne vous ont pas donné les valeurs promises
» et qu'ils ne vous les offrent pas, l'équité, sur

» laquelle repose leur exception, s'oppose à ce » que vous puissiez obtenir quelque chose de » plus. » (L. 36, C. *de trans.*). Cette décision nous paraît conforme aux principes, car si l'on admet (L. 22, *pr.*, D. *de except.*), que l'exception de dol peut amener la réduction de la condamnation et non pas toujours l'absolution, il nous semble qu'il doit en être de même pour la réplique de dol, qui n'est qu'une exception contre l'exception.

18. Nous avons dit que quand la transaction était conclue par simple pacte, le demandeur conservait son ancienne action. Nous trouvons pourtant quelques cas, fort rares du reste, qui font exception à cette règle.

Ainsi, les obligations naturelles s'éteignent par un simple pacte (L. 95, § 4, D. *de solut.*); la transaction faite dans le but d'éteindre une telle obligation donne lieu à une action *præscriptis verbis*. Mais il faut supposer que le créancier qui fait remise de l'obligation pourrait la faire valoir au moyen de quelque action, de l'action hypothécaire par exemple, autrement la transaction n'aurait pas raison d'être.

De même la renonciation par voie de transaction aux actions *furti* ou *injuriarum* qui s'éteignent par un simple pacte (L. 17, § 1, D. *de pactis*), constitue un contrat innomé et donne lieu à l'action *præscriptis verbis*.

Enfin nous trouvons dans la L. 6, C. *de trans.*, un autre cas où l'action primitive fait place à une action nouvelle. Une femme, après avoir intenté la *querela inofficiosi testamenti*, convient de n'y pas donner suite moyennant une partie des biens de la succession que l'héritier institué s'engage à lui remettre. Elle meurt avant d'avoir rien reçu, laissant ses enfants pour héritiers. Ceux-ci, n'obtenant rien de l'institué, consultent l'empereur Alexandre Sévère sur les droits qu'ils peuvent faire valoir. L'empereur leur répond qu'ils ne peuvent plus intenter la *querela*, mais qu'ils ont l'action *ex stipulatu* si leur mère a fait une stipulation, sinon l'action *præscriptis verbis*. Ce n'est pas le pacte conclu par la défunte qui a éteint de plein droit la *querela inofficiosi*; cette action meurt, en principe, avec la personne en qui elle est née, et ne passe aux héritiers que quand leur auteur est mort pendant l'instance ou se préparant à l'intenter (L. 6, § 2, D. *de inoff. testam.*). Dans l'espèce la mère avait promis par simple pacte de ne pas user de son action, et bien que ce pacte n'eût pas pu l'empêcher d'agir de nouveau, elle est morte sans avoir manifesté l'intention de revenir sur sa renonciation. La *querela* est donc indubitablement perdue pour les héritiers, et leur adversaire est libéré *ipso jure* Il est évident que cette libération est un fait volontaire de la part de la défunte qui a toujours compté sur l'exécution de la transaction, et qui pour cette raison n'a pas repris son action. Or par cette renonciation volontaire à l'action primitive, la prestation imposée par la transaction, qui consistait à ne pas inquiéter le défendeur, a reçu son accomplissement, et cet accomplissement transforme le simple pacte en contrat innomé, d'où il suit que les héritiers auront l'action *præscriptis verbis* si l'action *ex stipulatu* leur fait défaut.

19. Il peut arriver, nous l'avons dit, que la transaction consacre entièrement la prétention du demandeur, à la charge pour lui de faire ou de donner quelque chose. Ce cas, rare en pratique, est mentionné dans la L. 9, C. *de trans.* Primus se prétend propriétaire d'un fonds possédé par Secundus. Ils transigent et conviennent que si dans un certain délai Primus paye dix *aurei* à Secundus, celui-ci lui restituera le fonds; que si, au contraire, Primus ne paye pas, il aura perdu toute action. Si des stipulations réciproques ont eu lieu entre les parties, elles ont toutes deux l'action *ex stipulatu* pour faire exécuter la convention. S'il n'y a eu qu'un simple pacte, celui qui a exécuté a l'action *præscriptis verbis* : si Primus a payé, il dira : *dedi ut faceres*, si Secundus a restitué, il dira : *feci ut dares*. Si Secundus ne restitue pas, Primus pourra, s'il n'a pas lui-même exécuté la convention, intenter son ancienne action en revendication; à l'exception de pacte que lui opposera Secundus, il opposera une réplique de dol et obtiendra contre lui une condamnation plus ou moins forte suivant l'intérêt que Secundus pouvait avoir à l'exécution de la convention de la part de Pri-

mus. Quant à Secundus, s'il ne restitue pas, il ne peut faire condamner Primus à lui payer la somme promise, puisqu'un pacte n'engendre aucune action.

II. — *Des modalités qui peuvent affecter la transaction.*

20. La transaction est susceptible des diverses modalités qui peuvent affecter les conventions, à savoir : la condition, le terme, le mode, la solidarité, la clause pénale.

Cette dernière modalité surtout était fréquemment employée en matière de transaction, comme un moyen très-efficace d'en assurer l'exécution, et les jurisconsultes en recommandaient l'usage (L. 15, D. *de trans.*).

Si la peine a été stipulée par celle des parties qui a renoncé entièrement à sa prétention, cette hypothèse est régie par le droit commun. Le stipulant aura le choix entre la peine et l'exécution de la transaction. Mais c'est surtout pour protéger le défendeur en cas de renouvellement du procès que l'utilité de la clause pénale est évidente en matière de transaction. Si la transaction a eu lieu par simple pacte, celui qui a stipulé la peine peut, s'il est poursuivi après avoir exécuté ses obligations, opposer à son adversaire l'exception *pacti conventi*, ou réclamer l'exécution de la stipulation pénale (L. 37, C. *de trans.*). Si la transaction s'est opérée par voie d'acceptilation, il se présente alors une difficulté. A quoi bon en effet la clause pénale, puisque la peine n'est encourue que par le renouvellement du procès et que précisément ce renouvellement est désormais impossible, l'action du demandeur n'existant plus *ipso jure?* Nous croyons avec le président Favre (s. la L. 15 *de trans.*), que la condition qui affecte la clause pénale est une condition de fait et non pas de droit. Or, il est certain que si en droit l'action du demandeur n'existe plus, en fait il peut toujours l'intenter. En effet, le défendeur, au lieu d'opposer l'extinction de l'action primitive par l'acceptilation, peut consentir à recevoir le payement de la peine et la restitution de la somme ou de l'objet par lui remis. Le préteur accorde alors à l'autre partie son ancienne action, et le litige renaissant, la peine est encourue. Si le défendeur choisit la peine, il ne pourra plus invoquer devant le juge l'acceptilation, puisqu'elle est résolue par l'arrivée d'une condition tacite qui affectait le contrat, condition consistant dans le choix de la peine (L. 40 et L. 41, C. *de trans.*). Toutefois si le défendeur le préfère, il peut invoquer l'acceptilation et opposer l'extinction de l'action primitive; dans ce cas la clause pénale est inutile. Mais le premier parti sera presque toujours le plus avantageux, et c'est pourquoi la L. 15, D. *de trans.* recommande l'emploi de la clause pénale, même après l'acceptilation, car le défendeur peut gagner le procès et alors il est désormais à l'abri de toute nouvelle poursuite; de plus il a recouvré ce qu'il avait remis au demandeur en exécution de la transaction, ainsi que le montant de la clause pénale; s'il perd, au contraire, il aura encore un bénéfice, puisqu'il gardera la différence entre le montant de la clause pénale, totalisé avec la valeur de l'objet ou la somme par lui fournie, et le montant de la condamnation. Il ne se trouverait en perte que si la somme restituée et la clause pénale réunies étaient inférieures au chiffre de la condamnation, ce qui sera très-rare.

21. Quand une clause pénale est stipulée dans une convention, le principe général est que le créancier peut demander ou la peine ou l'exécution de l'obligation; mais qu'il ne peut, sauf convention expresse, cumuler ces deux avantages (L. 10, § 1, D. *de pactis*). Ce principe est suivi en matière de transaction : le défendeur ne pourra donc à la fois opposer l'exception *pacti conventi* et réclamer le bénéfice de la clause pénale, à moins qu'il n'y ait eu accord formel sur ce point. C'est ce qui aura lieu si le défendeur a stipulé la peine *rato manente pacto*. Il pourra l'exiger concurremment avec l'exécution de la convention (L. 16, D. *de trans.*). Si, au lieu de se faire promettre une somme quelconque, le défendeur a stipulé la restitution des choses par lui livrées, *manente transactionis placito*, il pourra invoquer cette stipulation et opposer en même temps l'exception *pacti conventi* (L. 17, C. *de trans.*).

Le cumul dans ces cas est conforme à l'intention des parties qui ont vu dans la peine une indemnité pour le trouble causé par de nouvelles poursuites, et non pas l'équivalent des avantages que l'exécution de la transaction eût procurés au défendeur, et qui ont voulu punir la mauvaise foi, tout en maintenant la transaction.

Nous trouvons encore dans la L. 41, C. *de trans.* un cas où le bénéfice de la clause pénale se cumule avec celui de l'exception *pacti conventi*, c'est celui où un majeur de vingt-cinq ans a fait une transaction accompagnée d'un serment. Si l'un ou l'autre des contractants se rend coupable de parjure, il encourt l'infamie et doit payer le montant de la clause pénale. De plus, si c'est le demandeur, il perd son action et restitue tout ce qu'il peut avoir reçu; si c'est le défendeur, il perd tous les avantages qu'il devait retirer de la transaction.

III. — *De la preuve de la transaction.*

22. Nous connaissons les formes de la transaction, les modalités dont elle est susceptible, recherchons maintenant comment on prouvera son existence.

En ce qui concerne la preuve, cette convention ne présente rien de spécial. On suit les règles de droit commun : c'est à celui qui invoque la transaction à en prouver l'existence et la portée (L. 9, § 3, D. *de trans.*).

Les moyens de preuve sont ceux du droit commun, l'écriture, le témoignage, l'aveu et le serment (L. 17, C. *de pactis*). Il est vrai qu'un grand nombre de textes parlent de transactions rédigées par écrit, mais cette formalité n'était pas nécessaire pour prouver la transaction (L. 5, C. *de trans.*). Il faut même, pour que l'écrit puisse servir de preuve à cette convention, qu'il en indique les clauses essentielles et qu'il soit revêtu de toutes les formes prescrites (L. 21, C. *de fide instrum.*).

23. Enfin nous appliquerons en cette matière le principe général qu'il faut s'attacher plutôt à la réalité des choses qu'à la qualification de l'acte (L. 1, C. *plus valet quod agit*). La L. 21, C. *de trans.* nous en donne un exemple. Nous y voyons qu'une transaction ayant été qualifiée de vente, le défendeur repousse l'action *venditi* en prouvant que ce n'est pas une vente, mais bien une transaction qui a été conclue.

CHAPITRE III.

DE L'OBJET DE LA TRANSACTION.

24. La transaction supposant toujours un acte de disposition ne peut s'appliquer qu'aux choses dont on peut disposer librement, qu'aux choses qui sont dans le commerce, *quæ in nostro patrimonio sunt*. Cette convention ne saurait donc intervenir sur les choses sacrées, religieuses ou saintes, sur celles qui intéressent l'ordre public et les bonnes mœurs. Tel est le principe général commun à toutes les conventions. Mais ce principe n'est pas sans souffrir quelques exceptions dans notre matière et nous allons examiner certains cas qui présentent des particularités relativement à la transaction.

§ 1. — *Transaction sur aliments.*

25. Les transactions sur aliments ont toujours été permises dans le droit romain. Quand les aliments sont constitués entre-vifs en vertu d'une convention ou d'un contrat quelconque, les parties sont absolument libres de détruire ou de modifier ce qu'elles ont fait (L. 8, § 2, D. *de trans.*). Elles se trouvent en présence l'une de l'autre, elles agissent elles-mêmes, on ne peut

douter de leur intention. La loi n'a pas ici de précautions à prendre pour assurer l'exécution de la transaction ; elle eût contrarié la volonté des parties en y apportant des restrictions. En outre, il faut le reconnaître, ces précautions eussent été choquantes au cas de constitution d'aliments à titre gratuit, c'eût été une marque de défiance blessante pour un donateur, et loin de favoriser ce genre de convention, elles en auraient au contraire diminué le nombre.

26. Quand la pension alimentaire, au lieu d'être constituée entre-vifs, l'était par testament ou par tout acte fait en vue de la mort, legs, codicilles, donation *mortis causa*, l'ancien droit laissait aux parties la même liberté qu'en matière de convention entre-vifs pour transiger sur ces libéralités une fois ouvertes. Mais, par suite de la dépravation des mœurs romaines, par suite aussi de la misère publique, il arrivait souvent qu'un *alimentarius* indigent ou dissipateur, séduit par l'appât d'un gain immédiat, échangeait tous les bénéfices futurs de la libéralité contre une somme d'argent une fois payée et retombait ainsi presque aussitôt dans la misère d'où avait voulu le faire sortir la sage prévoyance du testateur. Le but de la libéralité était donc complétement manqué. Déjà depuis longtemps, pour éviter semblable inconvénient, l'usage était fréquent à Rome parmi les pères de famille de déshériter leurs fils débauchés et de ne leur laisser qu'une pension viagère ; mais ce n'était pas assez, et

la loi elle-même dut intervenir pour réglementer cette pension. C'est ce que fit un sénatus-consulte rendu sur la proposition de l'empereur Marc-Aurèle et rapporté dans la L. 8, D. *de trans.* Nous allons en examiner les différentes dispositions.

27. Disons tout d'abord que le législateur prend ici le mot transaction dans un sens beaucoup plus large que son sens ordinaire. Il entend par là tout acte de disposition à titre onéreux des objets de la libéralité. Le § 15 de la L. 8 nous en fournit la preuve.

On ne peut transiger sur aliments dus en vertu de dispositions de dernière volonté qu'avec l'autorisation du magistrat (*pr. et* § 5). Le préteur à Rome, le lieutenant de l'empereur dans les provinces peuvent seuls donner cette autorisation, et la délégation de ce pouvoir leur est interdite (§ 18). Si les aliments sont dus par le fisc, l'autorisation est donnée à Rome par le préfet du trésor, dans les provinces par le procurateur de l'empereur (§ 19). Le magistrat doit prendre connaissance de l'affaire dans tous ses détails, il doit examiner la cause, le mode de la transaction, la personnalité des parties (§ 8). Il recherchera quels motifs peuvent rendre la transaction nécessaire ; il verra aussi quels avantages peuvent en résulter pour le créancier (§§ 9, 10, 11). S'il négligeait cet examen, la transaction autorisée sans connaissance de cause n'aurait aucune valeur (§ 17).

Cette autorisation du magistrat n'est exigée que pour les prestations d'aliments à échoir (L. 8, C. *de trans.*). Une fois les aliments échus, la transaction sera possible. Pourquoi en effet la prohiber? Le créancier n'a pas eu besoin des aliments auxquels il avait droit, et on n'a pas à assurer son existence dans le passé, *non enim quisquam in præteritum vivit aut alendus est,* dit Voët (*Comm. ad Pandect. de trans.*). Les aliments échus, mais non encore acquittés, ne constituent plus qu'un legs ordinaire dont le légataire peut disposer à son gré.

L'autorisation serait également inutile au cas où le légataire renoncerait gratuitement à sa pension. La loi n'avait pas besoin de le protéger dans un cas où il peut toujours apprécier librement les conséquences de sa renonciation.

En dehors de ces exceptions, il n'y a pas à distinguer si la pension alimentaire consiste en prestations périodiques, ou en une somme, un objet quelconque, mobilier ou immobilier, fourni une fois pour toutes en pleine propriété ou à titre d'usufruit perpétuel ou temporaire (§§ 3, 4). Enfin, quelles que soient les modalités qui affectent la pension, quels que soient la condition et la fortune du pensionnaire et le montant de la pension, l'autorisation du magistrat est toujours nécessaire (§§ 7, 23, *in fine*), soit que la transaction porte sur la pension tout entière, soit qu'elle ne porte que sur une partie (§ 16). En outre, bien que la loi comprenne sous le nom d'aliments non-seulement la nourriture, mais encore l'habitation, le vêtement, la chaussure, et tout ce qui peut être nécessaire à l'entretien du légataire (§§ 1, 12, 14), une autorisation spéciale est néanmoins nécessaire pour chaque espèce d'objets (§ 12).

L'autorisation du magistrat ayant pour but de protéger le légataire en assurant le payement de la pension, il est évident que si la transaction, au lieu de nuire au créancier alimentaire, rend au contraire sa condition meilleure, ou même, sans lui être avantageuse, ne lui cause aucun préjudice, l'autorisation n'est plus indispensable. Ainsi serait valable par elle-même la transaction qui convertirait en pension mensuelle ou quotidienne une pension annuelle (§ 6). Si le créancier consent à recevoir en argent les aliments légués en nature, ou réciproquement, alors, comme on peut douter si sa condition devient meilleure ou pire, la loi ne déclare pas la transaction absolument nulle, mais elle exige qu'elle soit validée *causa cognita* par le magistrat (§ 24).

Serait également valable sans qu'il soit besoin d'autorisation, la transaction qui aurait pour effet de faire acquérir au légataire un droit d'habitation en échange d'une allocation annuelle destinée au payement de son loyer. Ici on aurait pu élever quelques doutes sur la validité de la transaction faite sans intervention du magistrat, parce que si la maison où le légataire a obtenu l'habitation vient à être détruite par incendie ou autre accident, il se trouvera dans un embarras qui ne lui serait point arrivé s'il eût gardé son droit à la somme d'argent. Il semble donc qu'il ait rendu sa position pire ; néanmoins on admettait la validité de la transaction par cette considération que le testateur n'eût pas manqué de léguer un droit d'habitation au lieu d'une pension annuelle destinée à cet usage, s'il eût laissé une maison dans sa succession. D'ailleurs, en définitive, cette transaction n'a rien que de conforme à l'intention du testateur, puisque le légataire obtiendra ainsi l'objet même du legs, le *fructus habitationis*. Quant à la transaction en vertu de laquelle le légataire échangerait son droit d'habitation contre une rente annuelle *ad habitationem*, il ne peut s'élever aucun doute sur sa validité, puisqu'elle rend la position du légataire incontestablement meilleure en le délivrant des risques signalés dans le cas inverse (§ 25).

Enfin, dans le cas où le legs aura été fait à la charge pour le légataire de fournir des aliments à un tiers sur les produits de ce legs, ce légataire pourra fort bien transiger sur ce qui lui est légué sans s'adresser au magistrat, car la transaction dans ce cas ne nuit en rien aux droits du créancier à qui les aliments continueront d'être fournis suivant les vœux du défunt absolument comme s'il n'y avait pas eu transaction (§ 5).

Mais l'autorisation devra être obtenue si la

transaction intervient sur un objet légué à plusieurs personnes pour servir à leur procurer des aliments, soit qu'elles transigent entre elles, soit qu'elles transigent avec un tiers. Enfin, si un fonds a été engagé pour assurer le payement d'une pension alimentaire, il faut encore se faire autoriser du magistrat pour transiger à cet égard (§ 15).

La transaction faite sans autorisation quand cette formalité est obligatoire ne peut avoir aucune valeur. Si néanmoins elle a été exécutée, alors la somme donnée s'imputera sur la valeur des aliments échus et le surplus sera répété, si le créancier s'est enrichi, par la *condictio indebiti* (§ 22, — L. 23, § 2, D. *de cond. indeb.*).

§ 2. — *Transaction sur droits résultant de testament.*

28. D'après la L. 6, D. *de trans.* on ne peut transiger sur les difficultés qui naissent d'un testament qu'après avoir vu et examiné les termes mêmes du testament. De là on a conclu qu'il n'était pas permis de transiger sur un testament si on n'en connait point la teneur.

Pour expliquer cette singulière prohibition, on a prétendu que transiger sur un testament avant d'en avoir pris connaissance, c'était manquer au respect presque superstitieux des Romains pour les actes de dernière volonté. On a dit de plus que cet examen préalable était exigé dans un intérêt public, en haine de ceux qui par le recel des testaments cherchaient à porter atteinte à la volonté du *de cujus* en obtenant des héritiers ou légataires une transaction préjudiciable pour ceux-ci. (Voët, *Comm. ad Pand*, *de trans.*). Mais ces motifs ne sont pas suffisants pour justifier une semblable exigence. D'abord on ne comprend guère qu'une transaction sur testament soit nulle parce que le légataire aura commis l'imprudence de ne pas lire ce testament ; en outre, on ne voit pas bien la raison de cette protection accordée ici aux héritiers et légataires. N'ont-ils pas l'action *ad exhibendum* pour contraindre les détenteurs à communiquer le testament? (L. 4, C. *ad exhibend.*).

Cujas (*ad leg.* 1, *de trans.*) et Noodt (*de pact. et trans.*, c. 18), trouvant cette disposition exorbitante, pensent qu'elle n'est due qu'à une de ces interpolations plus ou moins heureuses dont abusaient un peu Tribonien et ses collaborateurs. En effet, les expressions de la L. 6 se retrouvent littéralement dans la L. 1, § 1, D. *testam. quemadm. aper.*, où Gaius nous apprend que quiconque voudra étudier un testament ou en prendre copie peut compter sur l'appui du préteur, car on ne peut, ajoute-t-il, transiger régulièrement sur un testament ni en rechercher judiciairement le sens avant d'en avoir pris connaissance. Ce n'est pas une prohibition que cette loi édicte, c'est un simple conseil qu'elle donne, et il est évident que Gaius eût tenu pour valable la transaction sur droits laissés par testament sans s'inquiéter si les parties en connaissaient ou non la teneur. Peut-être, comme le supposent Cujas et Noodt (*loc. cit.*), les compilateurs des Pandectes ont-ils voulu innover, et ont-ils entendu créer dans la L. 6 une disposition prohibitive inconnue dans l'ancien droit.

§ 3. — *Transaction sur questions d'état.*

29. L'état des personnes étant hors du commerce, si l'on s'en tenait aux principes rigoureux du droit, la transaction sur les questions d'état serait évidemment impossible. Cependant les lois romaines permettaient, dans certains cas du moins. de transiger sur de semblables questions.

La transaction sur une question de liberté sera valable toutes les fois qu'elle consacrera cet état, sinon elle sera sans force (L. 26, C. *de trans.*), comme contraire à l'ordre public. Si elle est favorable à la liberté, alors de deux choses l'une; ou la personne prétendue esclave ne nie pas cette qualité, et alors la transaction est nulle, puisqu'il ne peut y avoir convention valable entre un esclave et son maître (L. 13, C. *de trans.*), et qu'au surplus on ne trouve pas ici la *res dubia* essentielle à l'existence de la transaction; ou bien cette personne nie qu'elle soit esclave, et alors la transaction est valable.

30. Une constitution de l'empereur Anastase, rapportée dans la L. 13, C. *de trans.*, vint créer

un droit nouveau en cette matière. Cette constitution déclare valable la transaction intervenue sur un procès pendant, si elle n'est pas entachée de quelque vice de droit autre que celui de porter sur une question d'état. Mais cette transaction est-elle pour cela autorisée d'une manière absolue ? Les interprètes ne sont pas d'accord sur ce point. Voët *(Comm. ad Pandect. de trans. n° 10)* pense que la transaction était admise, qu'elle fût ou non favorable à la liberté. Au contraire Cujas *(observ.* XII, 35) ne tient la transaction pour valable que si elle a lieu en faveur de la liberté. C'est également l'opinion de Vinnius *(de trans.*, c. 4) et de Doneau *Comm.* IX *n°* 13.). Ce qui nous amène à adopter cette seconde opinion, c'est que ce serait porter une trop grave atteinte au principe de l'inaliénabilité de la liberté que de reconnaître l'existence d'une convention qui aurait pour but de faire un esclave d'un homme libre peut-être. D'ailleurs un des caractères essentiels de la transaction, la réciprocité des concessions, ferait ici défaut, car l'esclave ne pouvant acquérir que pour son maître, celui qui renoncerait à sa liberté n'acquerrait rien en échange.

On objecte que la constitution d'Anastase a eu pour but d'innover, et que l'ancien droit ne permettant la transaction qu'entre celui qui se dit libre et son prétendu maître, et dans le cas seulement où cette transaction serait favorable à la liberté, l'innovation d'Anastase consiste autoriser la transaction dans l'hypothèse contraire, c'est-à-dire à permettre à un homme libre de se reconnaître esclave par cette convention. Nous croyons, pour notre part, que ce n'est pas à ce point de vue que l'empereur Anastase a entendu introduire un droit nouveau, selon nous, son innovation consiste à permettre à un individu qui ne nie point sa prétendue condition d'esclave de transiger avec son maître pour recouvrer sa liberté. Cette interprétation est beaucoup plus conforme à l'esprit de la législation d'alors qui, sous l'influence croissante du christianisme, se montrait de plus en plus favorable à l'acquisition de la liberté.

La constitution d'Anastase concerne également la condition des colons ; mais ici la transaction sera toujours valable, car on peut devenir colon par convention, et un colon peut acquérir pour lui-même.

31. Relativement aux autres questions d'état, faut-il, en l'absence de textes positifs, admettre par analogie que la transaction sera valable si elle consacre l'état le plus favorable ? La question est douteuse, et il vaudrait peut-être mieux s'en tenir à ce principe que l'état des personnes ne peut être modifié par une convention.

Toutefois, quant à la cité et à la filiation, on peut, en s'appuyant sur la L. 10, C. *de trans*, admettre que la transaction intervenue à cet égard devra être respectée. Quant à l'ingénuité, nous voyons dans la L. 30, § 4, D. *de jurejur*. que le serment déféré par le prétendu patron et prêté par l'affranchi libère celui-ci de toutes les obligations dues au patron et le fait considérer comme ingénu. Si au contraire c'est le prétendu patron qui a affirmé sa qualité par serment, ce serment n'a aucun effet, *jusjurandum patronum non facit* (L. 14, D. *de jure patron.)*.

Enfin disons en terminant qu'il est hors de doute que la transaction sur les intérêts civils dépendant de tel ou tel état est toujours parfaitement valable.

§ 4. — *Transaction sur crimes et délit*.

32. A Rome, où l'institution d'un ministère public chargé de défendre et de protéger l'ordre social était inconnue, le droit d'accusation à l'égard des crimes et délits publics appartenait à tous les citoyens, tous intéressés à la répression des crimes et au respect des lois ; à l'égard des crimes et des délits privés, la personne qui en avait souffert avait seule le droit de poursuite.

33. Pouvait-on par une transaction renoncer à ce droit? Telle est la question que nous allons examiner en partant de ce principe qu'une convention est valable si elle porte sur un droit privé, mais qu'elle est nulle si elle porte sur un droit public.

Disons tout d'abord que la transaction sur crimes et délits futurs serait absolument sans valeur, car elle aurait une *causa turpis* Nous n'avons donc à nous occuper que des transactions sur crimes et délits accomplis, en distinguant avec les jurisconsultes romains : 1° les *delicta privata*, 2° les *crimina privata*, 3° les *crimina publica*.

1° *Delicta privata*. — Les *delicta privata* engendraient au profit de la partie lésée une action pénale tendant à obtenir une réparation pécuniaire. Cette action entrait dans le patrimoine de la personne offensée qui pouvait en disposer à son gré (L. 7, § 14, D. *de pactis*). Cette action pouvait donc faire l'objet d'une transaction valable. Mais si cette transaction portait sur une action *furti*, ou *injuriarum*, ou *vi bonorum raptorum*, ou *de dolo*, alors le *reus* encourait l'infamie comme s'il avait été condamné pour un de ces méfaits (L. 4, § 5, D. *de his qui not. infam.*). La transaction dans tous ces cas impliquait aveu du délit (L. 5, D. *eod.*).

2° *Crimina privata*. — La transaction sur un *crimen privatum* était nulle. Cela ressort clairement de la L. 7, § 1, D. *ad S.-C. Turpill.* Ulpien suppose qu'une poursuite extraordinaire intentée pour cause de stellionat, de dépouillement d'une hérédité, de *furtum* ou d'injures, a été ensuite abandonnée, et il déclare inapplicable la peine du sénatus-consulte Turpillien ; seulement, ajoute-t-il, l'accusateur sera puni *officio judicis*. La transaction est donc nulle à son égard, puisqu'elle lui attire une peine. Elle ne vaudra pas davantage à l'égard de l'accusé car de sa part aussi il y a *causa turpis*. Le *reus* sera-t-il réputé *confessus?* La L. 7 D. *de prævar.* semble établir cette règle d'une manière générale pour toutes les causes, sauf celles qui emportent la peine de mort, mais en réalité il n'est question dans cette loi que des *crimina publica*, l'emploi du mot *delator* le prouve. L'accusé qui encourrait l'infamie en transigeant valablement sur l'action civile *furti* ou *injuriarum* doit, à plus forte raison, l'encourir lorsqu'il transige illicitement sur la poursuite des mêmes délits exercée par la voie criminelle.

Quand la loi donne contre un même délit et l'action pénale civile et l'action criminelle, la transaction est permise sur la première, défendue sur la seconde, et quand la partie lésée aura transigé sur l'action civile, elle ne pourra plus agir par la voie criminelle (L. 56, § 1, D. *de furtis*).

3° *Crimina publica*. — Toute transaction ayant pour objet un *crimen publicum* était déclarée nulle, comme contraire à l'intérêt de la société tout entière (*Paul. Sent.*, *lib. I*, *tit. I*, § 7). Mais ce n'était pas assez d'anéantir cette transaction, le droit romain infligeait une peine à l'accusateur toujours, à l'accusé très-souvent, lorsqu'une transaction intervenait entre eux.

Quand la transaction était antérieure aux poursuites, le *reus* ne subissait aucune peine, mais l'accusateur était tenu de l'action *in factum de calumnia* ayant pour objet la restitution des choses reçues et une peine du triple (L. 1, § 1, L. 5, § 1, D. *de calumn.*); il perdait d'une manière absolue le *jus accusandi* (L. 4, L. 8, D. *de accus.*

et inscript.); enfin il était considéré comme concussionnaire et puni de la déportation (L. 2, D. *de concuss.* — L. 1, § 13, D. *de lege Cornel. de fals.*). Si la transaction avait lieu après le commencement des poursuites, la loi punissait et l'accusateur et l'accusé. Une fois la poursuite commencée, *post institutam accusationem*, l'accusateur ne pouvait se désister gratuitement qu'après avoir obtenu l'autorisation du magistrat, l'*abolitio* (L. 1, § 7, D. *ad S.-C. Turpill.*); s'il se désistait sans avoir obtenu cette autorisation, il était considéré comme *tergiversator* (L. 1, § 1, D. *ad S.-C. Turpill.*), et comme tel il était condamné à une peine de cinq livres d'or et à une peine criminelle fixée par le magistrat (L. 3, § 3, D. *de prævar.* — L. 2, C. *ad S. C. Turpill.*). En outre, il encourait l'infamie et perdait par suite le droit absolu d'accuser (L. 6, § 3, D. *de decur.* — L. 4, D. *de accus. et inscr.*). Si l'accusateur qui se désistait gratuitement était si sévèrement puni, à plus forte raison devait-il l'être quand il consentait à une transaction pour se faire payer son désistement; dans ce cas même l'*abolitio* devenait impossible (L. 2, C. *de abol.*).

Quant à l'accusé, il n'encourait aucune peine s'il profitait d'un désistement gratuit; on n'avait dans ce cas rien à lui reprocher. Mais quand il payait le désistement en transigeant avec l'accusateur, alors il était tenu pour *victus* ou *confessus* (L. 4, D. *de jur. fisc.*), et le juge n'avait plus qu'à constater l'aveu et à fixer le montant de la condamnation, sans avoir à rechercher les preuves du fait incriminé. C'était là une conséquence bien grave tirée de ce prétendu aveu, car combien de personnes, et des plus honnêtes, pour éviter le scandale d'un procès criminel, se montreront toujours prêtes à transiger avec le premier misérable qui saura profiter de leur situation pour les exploiter!

Mais si l'accusation portait sur un crime capital, c'est-à-dire entraînant la peine de mort, alors l'accusé transigeait valablement. Pour expliquer cette dérogation illogique à la règle que nous venons de voir sur la présomption tirée de l'aveu, Ulpien nous dit (L. 1, D. *de bonis eor. qui ant. sent.*) qu'on ne peut faire un reproche à celui dont la vie est mise en péril, de chercher à la sauver par tous les moyens.

Cependant, si le *reus* transige impunément sur une accusation capitale, en sera-t-il de même en ce qui touche l'accusateur, et la transaction sera-t-elle valable? Nombre d'interprètes ont adopté l'affirmative en s'appuyant sur la L. 18, C. *de trans.* dans laquelle nous lisons qu'il n'est pas défendu de transiger sur une accusation capitale, mais que toute transaction sur une accusation non capitale est illicite. Si décisives que paraissent les expressions de ce rescrit des empereurs Dioclétien et Maximien, nous nous rangeons à l'opinion contraire soutenue par Noodt (*Dioclet. et Maximian.*) Que disent en effet les empereurs dans le rescrit qui forme notre L.

18? « *Prohibitum non est, non licet,* » ces expressions ne prouvent elles pas qu'ils n'ont point l'intention d'innover? Ne semblent-ils pas au contraire se référer à cette règle connue que la transaction sur une accusation quelconque, toujours punie du côté de l'accusateur, est aussi toujours nulle? Nous avons trouvé cette règle dans tous les textes relatifs à la question qui nous occupe et dont quelques-uns émanent des empereurs Dioclétien et Maximien eux-mêmes ou des princes qui régnèrent après eux (L. 5, C. *ad S.-C. Turpill* — L. 2, C. *de abol.*). La L. 18 n'a donc pas changé l'ancien droit; elle indique simplement que celui qui se voit en butte à une accusation capitale n'encourt aucune peine pour avoir transigé. Le texte ne dit pas que la transaction soit valable, il dit seulement qu'elle n'est pas défendue. Nous ajoutons qu'elle n'est pas défendue au *reus*, bien que la loi ne le dise pas; mais comme la personne qui consulte les empereurs est ou l'accusateur ou l'accusé, nous avons le droit de supposer que c'est l'accusé, et la L. 18 se trouve ainsi d'accord avec les autres textes.

Aux termes de cette même L. 18, l'accusé luimême est puni s'il transige sur l'accusation d'adultère, bien qu'elle soit capitale.

Pourquoi cette exception? Vinnius (*de trans, c.* VIII) en donne, ce nous semble, la véritable raison; d'après la loi Julia *de adulteriis*, ce crime était puni de la relégation dans une île et d'une confiscation partielle (*Paul. Sent.*, *lib.* II, *tit.* XXVI, § 14). Il donnait lieu alors à un *judicium publicum* que tout citoyen pouvait intenter si le mari ou le père n'avaient pas poursuivi dans les soixante jours. Constantin, en substituant la peine de mort à celles édictées par la loi Julia, restreignit le droit d'accusation au mari, au père, aux frères et aux oncles, de sorte que l'adultère n'autorisa plus un *judicium publicum* (L. 30, *pr.*, *ad leg. Jul. de adulter*). Dans de telles conditions, si l'accusé avait pu transiger sans craindre aucune peine, il serait arrivé bien souvent que l'adultère demeurât impuni, car il pouvait se faire que celui qui transige sur l'accusation fût le seul qui pût ou qui voulût l'intenter. C'est précisément ce résultat que la L. 18 veut prévenir.

Cette même L. 18, après avoir prohibé la transaction sur crime non capital, ajoute ces mots : *citra falsi accusationem*. Les commentateurs ne sont pas d'accord sur le sens de ce mot *citra*. Si avec Cujas nous lui donnons le sens de *præter*, nous dirons que le *reus* peut transiger impunément sur le crime de faux. On peut dire, pour justifier cette exception, que le faux, bien que rangé parmi les *crimina publica*, blesse plutôt l'intérêt privé que l'intérêt social, et que de plus, au point de vue de la peine il forme, pour ainsi dire, un crime mixte, tantôt puni d'une peine non capitale, quand le coupable est un homme libre, tantôt puni de la peine capitale, quand le coupable est un esclave (L. 1, § 13, D. *de lege Cornel. de fals.*), et comme la condition des personnes était souvent fort incertaine, on a préféré admettre cette exception à la règle plutôt que de l'appliquer dans un cas qui peut soulever tant de doutes et de difficultés.

Une autre explication donnée par Vinnius (*de trans.*, *c.* VIII) et qui nous semble préférable, consiste à prendre ici le mot *citra* dans le sens de *sine*. Notre texte signifierait alors que le *reus* qui transige sur un crime non capital est considéré comme faussaire, et voici comment on raisonne pour arriver à cette conclusion : l'accusé qui transige est censé corrompre son accusateur et celui qui corrompt son accusateur est assimilé à celui qui corrompt son juge ; or celui qui corrompt son juge étant considéré comme faussaire, l'accusé qui transige est réputé faussaire, il devra donc subir la peine du faux. C'est ici que cette seconde explication du mot *citra* présente quelque difficulté. L'accusé en effet étant réputé *victus* ou *confessus* par le fait seul d'avoir transigé devra, ce semble, subir la peine du crime dont il était accusé. Devra-t-on lui appliquer aussi la peine du faux? Ou bien n'appliquera-t-on que l'une de ces deux peines, et laquelle alors sera encourue? Il est probable que le juge devait avoir sur ces questions un pouvoir discrétionnaire, comme pour punir l'accusateur *tergiversator* (L. 2. C. *ad S.-C. Turpill.*).

CHAPITRE IV.

DES EFFETS DE LA TRANSACTION.

34. La transaction est-elle translative ou déclarative de droits? Cette question divise depuis longtemps les commentateurs et fait encore l'objet de vives controverses.

Disons tout de suite qu'on est d'accord pour admettre que la transaction est translative en ce qui touche les choses non litigieuses, non contestées, qui peuvent être comprises dans cette convention en retour des concessions que l'une des parties fait à l'autre. La question ne s'élève que sur l'objet de la contestation ou du litige, soit qu'il ait été attribué pour partie à chacun des cotransigeants, soit qu'il ait été attribué en totalité à l'un d'eux, moyennant une dation ou une prestation quelconque de sa part.

35. Pour soutenir que la transaction est déclarative de droits, on invoque la L. 20, C. *de trans.* qui assimile cette convention au jugement. Or le jugement a toujours un effet déclaratif, c'est-à-

dire qu'il constate le droit de la partie gagnante, il ne le crée pas, il n'est pas translatif des droits débattus entre les plaideurs. Mais s'il est vrai que dans la L. 20 les empereurs Dioclétien et Maximien nous disent que l'autorité des transactions ne doit pas être moindre que celle des jugements, faut-il en conclure que les effets de la transaction soient identiques à ceux du jugement? Non; cette assimilation n'est exacte qu'en ce qui concerne l'éviction de la chose litigieuse et les causes de rescision. Ce dernier point résulte clairement de la L. 20 qui statue précisément sur une demande en rescision fondée sur ce singulier motif que la transaction aurait été conclue à la deuxième heure de nuit. Il est vrai que ce n'est pas l'heure à laquelle il est d'usage de rendre la justice, mais, disent les empereurs, comme une personne saine d'esprit et majeure de vingt-cinq ans peut très-bien donner à toute heure son consentement en connaissance de cause, la transaction faite à une heure quelconque de la nuit sera parfaitement valable, tout comme le serait d'ailleurs un jugement rendu à la même heure; ce qui revient à dire que la transaction librement consentie obligera toujours les parties tout comme le jugement dont elle a la force et l'irrévocabilité.

36. Cependant, il ne faut pas conclure de cette ressemblance entre la transaction et le jugement qu'ils produisent tous deux les mêmes effets. La juste cause de possession pour celui qui gagne son procès est dans le titre même sur lequel il se

fondait pour soutenir son droit, et en vertu duquel il a obtenu gain de cause, et non pas dans l'intention d'acquérir qui n'existait certainement pas plus chez lui que l'intention de transférer n'existait chez le perdant. Comment admettre en effet que ce dernier a pu renoncer à des droits qui, en vertu de l'autorité de la chose jugée, n'ont jamais existé en sa personne? Au contraire, de la part de celle des parties qui, en retour de quelque dation ou prestation, laisse à l'autre l'objet contesté, la transaction contient une renonciation à ses prétentions, une abdication de ses droits sur la chose litigieuse. Quel sera l'effet de cette renonciation? Sans doute celle des parties en faveur de qui elle a lieu n'a pas entendu renier ses prétentions antérieures sur l'objet du litige; mais qu'on n'en conclue pas que la transaction ait à l'égard de ces prétentions plus ou moins bien fondées un effet déclaratif! Il faudrait pour cela que la partie renonçante admît l'existence des droits que son adversaire prétendait avoir, or c'est ce qu'elle ne fait nullement; pour elle, le droit contesté n'a jamais existé que dans sa personne, comment donc pourrait-elle reconnaître que l'objet de ce droit a toujours appartenu à son adversaire? Cette reconnaissance est absolument incompatible avec l'idée de transaction, car n'est-ce pas l'aveu de la part de son auteur qu'il n'a jamais eu aucun droit sur la chose en question et alors à quel titre viendrait-il réclamer une dation ou une prestation de la part de son adver saire? Ne serait-ce pas là un vol manifeste, et peut-on supposer que la loi ait entendu favoriser semblable immoralité?

La transaction, cela est de toute évidence, n'a donc rien de commun avec une reconnaissance des droits de l'adversaire par la partie renonçante; c'est au contraire de sa part un désistement de ses propres droits, désistement qui entraîne implicitement, mais nécessairement, transmission de tous ces droits tels qu'ils sont, bien ou mal fondés, à la partie adverse qui s'engage à faire ou à donner quelque chose en retour, et manifeste évidemment ainsi la volonté de les acquérir. En autres termes, bien loin d'être déclarative, la transaction est par essence translative de droits. C'est une cession de droits faite par une des parties à l'autre moyennant une dation quelconque, et si en réalité ces droits n'appartenaient ni au cédant ni au cessionnaire, ce dernier du moins, possédant en vertu d'une juste cause, pourrait usucaper et se prévaloir de tous les droits attachés à la possession *ex justa causa.*

Comme preuve de cette *justa causa* résultant de la transaction en ce qui touche l'objet litigieux, nous pourrions invoquer la L. 33, C. *de trans.*, la L. 8, C. *de usuc. pro empt.* et la L. 4, C. *de præd. et aliis reb. minor.*; mais ces textes pouvant par leur concision présenter quelque ambiguïté et s'entendre simplement de l'acquisition de la chose non litigieuse cédée par l'une des parties à l'autre en retour de ses prétendus droits, nous nous appuierons seulement sur la L. 29, D. *de usurp. et usucap.* Ce texte est décisif et écarte tous les doutes d'une façon péremptoire. Voici l'espèce que nous y expose Pomponius : Étant en réalité héritier unique, et croyant à tort que vous étiez mon cohéritier, je vous ai livré une partie des biens de la succession. Si cette tradition n'a eu pour but que de vous mettre en possession de vos prétendus droits sur l'hérédité, vous ne pourrez usucaper quand même vous vous croiriez héritier, parce qu'on n'usucape pas *pro herede* les choses qu'a déjà possédées le véritable héritier, et que vous n'avez aucun autre titre à invoquer que celui-là. Mais il en sera tout autrement si nous avons entendu faire une transaction, moi en vous livrant, vous en recevant une part des choses héréditaires ; alors vous les usucaperez, vous avez une *justa causa*, et cette *justa causa* c'est la transaction; c'est donc que cette convention est translative de droits.

37. On essaye de combattre cette opinion en s'appuyant sur la L. 33, C. *de trans.*, dans laquelle les empereurs Dioclétien et Maximien décident que si la garantie est incontestablement due en cas d'éviction totale ou partielle du fonds non litigieux cédé en vertu de la transaction, elle ne peut pas être invoquée à l'égard du fonds litigieux conservé, moyennant un engagement quelconque, par l'un des cotransigeants. Y a-t-il, comme on le prétend, opposition entre le refus de garantie dans ce cas et l'effet translatif que

nous avons reconnu à la transaction? Nullement; et d'abord il est bien clair que si la transaction n'avait qu'un effet déclaratif il n'y aurait pas de recours possible. La question ne peut se présenter que parce que la transaction a un effet translatif, et on se demandait, paraît-il, si, comme tous les actes translatifs, elle ouvrait un recours en garantie, puisque c'est sur ce point que sont consultés les empereurs qui répondent négativement. Le renonçant en effet n'a jamais eu la pensée de transférer à son adversaire un droit certain, il lui a transféré son droit tel quel, bon ou mauvais, réel ou apparent. Celui qui a acquis ce droit n'a jamais dû compter sur une action en garantie; il ne pourrait même pas par une clause expresse stipuler cette obligation, ce serait contraire à l'essence même de la transaction qui ne peut avoir pour objet qu'une *res dubia*, qu'un droit douteux qui ne saurait être garanti.

38. Nous avons vu qu'en cas d'éviction de l'objet non litigieux livré en vertu de la transaction il y avait lieu au recours en garantie. Ce recours s'exercera différemment selon qu'il y aura eu ou non stipulation de garantie. S'il y a eu stipulation, le transigeant évincé aura l'action *ex stipulatu*. S'il n'y a pas eu stipulation, alors de deux choses l'une, ou l'action primitive subsiste encore, ou elle ne subsiste plus. Si elle subsiste encore, c'est-à-dire si la transaction est demeurée à l'état de simple pacte, alors le demandeur a le droit d'intenter son ancienne ac-

tion, mais elle ne lui sera utile pour se faire indemniser de l'éviction que si le défendeur lui oppose l'exception *pacti conventi*. Il lui répondra alors par la réplique de dol et le fera condamner à lui payer une indemnité (L. 28, C. *de trans.*). Si, au contraire, l'ancienne action est éteinte, alors le demandeur ne pouvant plus agir se trouve par cela seul avoir accompli l'obligation que lui impose la transaction, et cette convention se trouvant ainsi transformée en contrat innomé, le demandeur aura l'action *præscriptis verbis*.

39. Entre les parties contractantes, la transaction a la même autorité que la chose jugée (L. 20, C. *de trans.*). Mais, comme nous l'avons déjà fait observer, il ne faut pas exagérer la portée de ce texte et en conclure que la transaction produise les mêmes effets qu'un jugement; cela signifie simplement que cette convention, sorte de jugement rendu par les parties elles-mêmes, doit avoir la même force que la sentence du juge et ne doit plus permettre aucune discussion judiciaire sur ce qui en a fait l'objet. Du reste, cette autorité de la transaction ne doit pas aller au delà de l'intention des parties et doit se restreindre aux choses qu'elles avaient en vue en transigeant (L. 5, L. 9, § 1, L. 12, D. *de trans.* — L. 3, C. *de trans.*).

40. Si les parties ont inséré dans la transaction la clause *nihil amplius peti*, par laquelle elles s'interdisent toute réclamation future, alors si

la transaction est spéciale, c'est-à-dire si elle ne porte que sur une ou plusieurs contestations bien précises, il est évident que les parties n'ont pas entendu abandonner des droits relatifs à d'autres objets (L. 31, C. *de trans.*, L. 3, § 1, D. *de trans.*). Si la transaction est générale, c'est-à-dire si elle porte sur toutes les contestations que les parties ont ou peuvent avoir ensemble, ou simplement sur toutes celles qui peuvent s'élever entre elles à propos de telle ou telle affaire déterminée, alors, même dans le premier cas, la clause *nihil amplius peti* n'est pas censée porter sur les contestations dont la cause n'existe pas encore (L. 9, § 3, D. *de trans.*). Dans le second cas, la clause *nihil amplius peti* s'applique bien à toutes les questions, même inconnues des parties, qui peuvent s'élever sur l'affaire en question (L. 29, C. *de trans.*); mais elle ne comprend pas celles qui peuvent naître d'une autre cause (L. 12, D. *de trans.*).

41. La transaction, comme toutes les conventions, n'a d'effet qu'entre les parties (L. 2, C. *int. al. act.*).

Sont parties ceux qui ont figuré dans la convention soit par eux-mêmes, soit par mandataire; sont également parties les héritiers et autres successeurs universels assimilés aux héritiers. Enfin sont encore parties les successeurs particuliers, ceux qui ont acquis du chef de l'une des parties, et antérieurement à la transaction, tout ou portion du droit qui a fait l'objet de cette convention.

Mais le cessionnaire devra-t-il subir la transaction consentie par son auteur postérieurement à la cession? Ainsi, le cessionnaire d'une hérédité devra-t-il respecter la transaction intervenue après la cession entre le cédant et le débiteur héréditaire qui ignore la cession? Papinien (L. 17, D. *de trans.*) répond affirmativement et nous dit que si le cessionnaire veut exiger le payement de la dette, le débiteur, à cause de sa bonne foi, devra avoir l'exception tirée de la transaction. Si le débiteur connaissait la cession, soit par la dénonciation que lui en aurait faite le cessionnaire, soit autrement, il n'en serait plus de même, il ne pourrait plus invoquer sa bonne foi et opposer à l'acquéreur de l'hérédité le payement fait à l'héritier. Nous voyons dans la même loi que le fidéicommissaire sera également tenu de respecter la transaction intervenue depuis la restitution entre l'héritier fiduciaire et un débiteur de bonne foi.

La transaction ne pouvant lier que les parties intéressées, si l'une des parties qui ont transigé acquiert du chef d'une autre personne un droit semblable à celui qui a fait l'objet de la transaction, elle peut faire valoir ce nouveau droit, et on ne peut lui opposer l'exception *pacti conventi* puisque sa prétention porte sur un droit nouveau sur lequel aucune transaction n'a eu lieu (L. 9, *pr.*, D. *de trans.*).

42. Nous avons dit que la transaction n'avait d'effets qu'entre les parties contractantes. Il peut

cependant arriver que certaines personnes, bien que restées étrangères à cette convention, se trouvent néanmoins engagées par elle à leur profit ou à leur désavantage.

43 C'est ainsi que les créanciers de celui qui transige profiteront ou souffriront de la transaction consentie par leur débiteur, selon qu'elle enrichira ou qu'elle diminuera son patrimoine, garantie de leurs créances. Mais si le débiteur a transigé en fraude des droits de ses créanciers, ceux-ci pourront attaquer la transaction au moyen de l'action Paulienne. Dans tous les cas ils conserveront leur action et la transaction conclue par leur débiteur avec des tiers ne pourra en rien amoindrir la valeur de leur créance (L. 8, § 5, D. *de trans.*). Le jurisconsulte Scévola nous en donne la preuve dans la L. 14, D. *de trans.* Il suppose que le débiteur étant mort une difficulté s'élève entre l'héritier inscrit et l'héritier légitime et qu'elle est tranchée par une transaction. Si les créanciers de la succession sont les auteurs de la transaction, c'est-à-dire s'ils sont précisément les héritiers, ils doivent observer la convention relative aux dettes. Mais s'ils sont étrangers à la succession, ils peuvent, étant donnée l'incertitude de la succession, poursuivre chacun des transactionnaires par des actions utiles jusqu'à concurrence de la portion d'hérédité qui lui a été attribuée par la transaction. Or nous savons qu'il est de principe en droit romain que la qualité d'héritier ne peut appartenir à la fois et à un héritier

légitime et à un héritier testamentaire; par suite on se demande si notre texte en autorisant les créanciers de la succession à poursuivre en même temps et l'héritier testamentaire et l'héritier légitime, n'est pas en contradiction avec cette règle de droit. Il n'en est rien; Scévola nous l'explique clairement en nous donnant la raison de sa décision : on ne sait pas, dit-il, quel est le véritable héritier du défunt, car si l'héritier institué a fait adition, l'héritier légitime a fait adition aussi, par cela seul qu'il est en procès sur le testament. Il est certain qu'une seule des deux aditions est valable, puisque la loi n'admet pas la coexistence de la succession testamentaire et de la succession légitime; mais on ne pourrait certes pas obliger les créanciers à rechercher quel est le véritable héritier. Ils pourront donc poursuivre les deux prétendants à la succession proportionnellement à la part que leur a attribuée la transaction, et ils auront des actions utiles parce que l'action directe ne pourrait être intentée que contre le véritable héritier, lequel est inconnu. Du reste, cette division de l'action des créanciers est conforme aux intentions des deux héritiers puisque l'un et l'autre a entendu supporter les dettes de la succession dans la proportion de la part qu'il a reçue en transigeant; elle leur évite de plus le recours que l'un d'eux aurait eu à exercer contre l'autre si les créanciers l'avaient poursuivi et fait condamner pour le tout en qualité de seul héritier.

44. Quant aux légataires et aux esclaves affranchis par testament, un rescrit des empereurs Marc Aurèle et Lucius Verus (L. 3, *pr.*, D. *de trans.*) décide que la transaction intervenue entre l'héritier légitime et l'héritier inscrit ne leur fait perdre ni leurs droits ni leurs actions, parce que la transaction ne peut pas rescinder le testament (L. 29, § 2, D. *de inoff. test.*). Les legs devront être acquittés intégralement par l'héritier inscrit qui reste soumis à toutes les charges de la succession, bien qu'il ait, en transigeant, renoncé à une partie de ses avantages ; c'était à lui à prendre ses précautions et à prévoir cette poursuite des légataires qui ne doivent pas souffrir de sa négligence. Cette décision des empereurs est conforme aux principes, la transaction pour les légataires est *res inter alios acta*, elle se fait sans leur concours, elle ne peut donc avoir aucun effet vis-à-vis d'eux. Il n'en serait pas ainsi d'un jugement rendu sur le testament, et si l'héritier légitime, au lieu de transiger sur cet acte, l'avait fait annuler par jugement, ce jugement serait opposable aux légataires ; seulement, s'ils n'avaient pas pris part à l'instance, ils auraient le droit d'appel (L. 14, *pr.*, D. *de appell. et relat.*). Ces garanties n'existant pas en matière de transaction, on comprend qu'elle ne puisse être opposée aux légataires.

45. La décision que nous donne la L. 3 appartient à Scévola et semble en contradiction avec celle que nous donne ce jurisconsulte dans la L. 14, D. *de trans.* à propos des créanciers héré-

ditaires. Nous avons vu, en étudiant cette loi, que les créanciers peuvent, quand il y a eu transaction sur le testament, poursuivre non-seulement l'héritier inscrit, mais aussi l'héritier légitime. D'où vient que les légataires ne soient pas aussi favorablement traités? C'est que les légataires n'ont de droits qu'en vertu du testament, et si le testament disparait, tous leurs droits disparaissent avec lui. Les créanciers au contraire tiennent leurs droits non pas du testament, mais de titres antérieurs à l'ouverture de la succession. La transaction ne saurait donc porter aucune atteinte à leurs droits, ils auront toujours un débiteur, l'héritier institué si le testament est valable, l'héritier légitime s'il est nul, et comme ce n'est pas à eux de rechercher quel est le véritable héritier, la loi leur permet d'agir contre celle des parties qu'ils auraient pu poursuivre indépendamment de la transaction, et de poursuivre en outre l'autre partie pour une part.

46. La transaction intervenue entre le créancier et le débiteur principal produit encore ses effets à l'égard du fidéjusseur, bien qu'à proprement parler il n'y ait pas été partie. Il sera libéré *ipso jure* s'il y a eu acceptilation, *exceptionis ope* s'il n'y a eu qu'un simple pacte, et cela quand même le créancier aurait fait condamner le fidéjusseur avant de transiger avec son débiteur principal (L. 7, § 1, D. *de trans.*) Cette décision n'est-elle pas contraire aux principes, puisque d'un côté elle déclare la transaction valable à l'égard du

débiteur quand il est déjà libéré par les poursuites exercées contre le fidéjusseur, alors qu'il n'y a plus par conséquent de contestation à craindre, et que d'un autre côté elle admet la possibilité de la transaction de la part du fidéjusseur après qu'il y a eu chose jugée contre lui? Cette décision d'Ulpien doit s'expliquer par la faveur due aux intérêts importants qui dépendent de la transaction. Le créancier et le débiteur n'ont-ils pas tous les deux un procès à éviter avec le fidéjusseur qui peut contester au créancier son action *judicati* et intenter contre le débiteur une action en recours? Il est vrai qu'il y a chose jugée, mais la chose jugée ne s'oppose à la transaction qu'entre les parties qui ont figuré dans l'instance, et le débiteur principal n'y ayant pas figuré, le fidéjusseur obtient par son entremise ce qu'il n'aurait pu obtenir lui-même.

47. Si le créancier transige avec le fidéjusseur, alors si la transaction a lieu sous forme de simple pacte, elle ne produit aucune exception en faveur du débiteur principal. C'est du moins ce que décide la L. 23, D. *de pactis*. Mais il paraît résulter de la L. 25, § 2 et de la L. 26, *eod.* que ce n'était pas là un principe absolu et que le débiteur pouvait invoquer la transaction par voie d'exception et faire réduire la poursuite de tout ce qui a été payé par le fidéjusseur en vertu de la transaction. Si la transaction a eu lieu par voie de stipulation Aquilienne suivie d'acceptilation, le débiteur principal sera complément libéré sauf

le recours du fidéjusseur jusqu'à concurrence de ses déboursés. Enfin si elle a eu lieu par voie de contrat innomé, si le fidéjusseur a donné quelque chose au créancier pour éviter les poursuites, il est évident que le débiteur principal ne pourra invoquer cette convention pour repousser le créancier (arg. L. 15, § 1, D. *de fidej. et mandat.*).

48. Lorsque la transaction a eu lieu entre un *correus stipulandi* et le débiteur, celui-ci est-il libéré vis-à-vis des autres créanciers *correi?* Si la transaction a été faite par acceptilation, le débiteur est libéré à l'égard de tous ses créanciers, sauf le droit pour ceux-ci, quand il y a société entre les *correi*, d'exiger de leur cocréancier leur part du bénéfice qu'il a tiré de la transaction, ou une indemnité en compensation du profit qu'ils eussent retiré du payement de la dette, si la transaction est défavorable à la société. Si elle a eu lieu par simple pacte, le débiteur reste obligé envers les créanciers *correi* qui n'ont pas pris part à la convention (L. 27, *pr.*, D. *de pactis*). Mais il ne sera pas tenu pour cela de payer et la dette née de la transaction et la dette sur laquelle il a transigé. En effet, s'il n'y a pas société entre les *correi*, le débiteur repoussera par l'exception de pacte le *correus* transactionnaire qui intenterait contre lui son action primitive, et il se trouvera par suite libéré envers les autres créanciers. S'il est poursuivi par un de ceux-ci, alors il sera condamné, mais aussi le cocréancier avec qui il a transigé ne pourra plus agir contre lui. S'il y a au

contraire société entre les *correi*, le débiteur qui a exécuté la transaction pourra repousser l'action des cocréanciers qui n'y ont pas pris part en invoquant l'exception de dol, autrement l'action de ces cocréanciers réfléchirait contre leur *correus* par suite du recours exercé envers lui par le débiteur; seulement les cocréanciers repoussés par le débiteur pourront recourir à l'action *pro socio* envers l'associé qui a transigé.

49. Si la transaction émane d'un *correus promittendi*, alors si elle a eu lieu par stipulation Aquilienne avec acceptilation, la novation qui en résulte libère tous les codébiteurs (L. 31, § 1, D. *de novat.*). Si elle a été conclue sous forme de pacte, dans ce cas les codébiteurs ne sont pas libérés *ipso jure* et l'action intentée contre eux le serait valablement, à moins qu'il n'y ait société entre les *correi*, parce qu'alors le *correus* associé ne profiterait pas lui-même des avantages de la transaction puisqu'il serait soumis au recours de son codébiteur (L. 23, D. *de pactis*).

50. Si les codébiteurs, au lieu d'être tenus d'une obligation corréale sont seulement tenus *in solidum*, il y a alors autant de dettes que de débiteurs, et si l'un d'eux transige avec le créancier, cette transaction ne profite en rien aux autres qui pourront toujours être poursuivis proportionnellement à leur part dans la dette. Il n'y a en effet que le payement qui puisse les libérer tous. La L. 1, C. *de trans.* nous en fournit un exemple : l'ex-pupille qui ayant eu trois tuteurs

a transigé avec deux d'entre eux n'a pas perdu le droit de poursuivre le troisième. Mais il ne pourrait, bien entendu, le poursuivre que déduction faite de la part de ceux avec qui il a transigé (L. 45, D. *de admin. tutor.*).

CHAPITRE V.

DES PERSONNES QUI PEUVENT TRANSIGER.

81. La transaction supposant toujours un acte d'aliénation, celui-là seul peut transiger qui a la capacité de s'obliger et d'aliéner. Les principes généraux sur la capacité des personnes devront régir notre matière; nous n'aurons donc qu'à appliquer ici les règles communes à toutes les conventions, sous la réserve toutefois de quelques exceptions que nous allons examiner.

82. Occupons-nous d'abord des mineurs. Ils sont incapables d'une manière absolue tant qu'ils sont encore *infantes*, c'est-à-dire mineurs de sept ans (L. 18, C. *de jure deliber.*). Lorsqu'ils ont passé cet âge, ils peuvent sans l'*auctoritas* de leur tuteur rendre leur condition meilleure, mais sinon la rendre pire. Il en résulte que la transaction faite par le mineur seul sera valable en tant qu'elle augmentera son patrimoine, nullement en tant qu'elle l'appauvrira. Mais il ne faut pas oublier que la loi, tout en protégeant le

pupille, ne lui permet pas de s'enrichir aux dépens d'autrui; si donc le pupille créancier a transigé, comme il n'a pu se dépouiller de sa créance, il conservera l'action qu'elle lui donne; seulement, pour ne pas se faire repousser par l'exception de dol, il devra restituer à son adversaire ce qu'il a reçu de lui, *quanto locupletior factus est*, et s'il n'a rien reçu, il devra le dégager de ses obligations. Si au lieu d'être créancier le pupille était débiteur, il pourra refuser d'exécuter la transaction, et le créancier n'aura pas d'action directe pour l'y contraindre. Mais si la transaction a eu lieu sous forme de pacte, il pourra arriver à ce résultat en intentant son ancienne action que le pupille ne pourra repousser par l'exception de pacte que s'il exécute la transaction; si elle a eu lieu par voie d'acceptilation, l'ancienne action, il est vrai, se trouve éteinte *ipso jure*, mais le créancier aura la *condictio causa data, causa non secuta*, pour se faire rétablir dans son droit. Si le pupille a déjà exécuté la transaction, il pourra se faire restituer *in integrum* par la *condictio sine causa*, et alors si la transaction a été opérée par simple pacte, le créancier pourra intenter son ancienne action; si elle a eu lieu par voie d'acceptilation, il opposera l'exception de dol et recouvrera son ancienne créance.

La transaction faite par le pupille seul n'est donc jamais valable. Il faut absolument que le tuteur transige pour lui, qu'il soit ou non sorti de l'*infantia*; toutefois, s'il n'est plus *infans*, le tuteur pourra le laisser transiger lui-même en se portant *auctor*.

Pour que la transaction faite par le tuteur soit valable, il faut d'abord que ce tuteur ait la gestion. S'il est simplement tuteur honoraire, il n'a pas qualité pour transiger. Il faut de plus que la transaction ne constitue pas une libéralité faite par le tuteur aux dépens du pupille, c'est-à-dire que les concessions consenties par le tuteur ne doivent pas déguiser un avantage en faveur de la partie adverse (L. 46, § 7, D. *de admin. et peric. tutor.*). Si le pupille se trouve lésé, il peut, même quand la transaction a eu lieu sans fraude, revendiquer l'objet aliéné. Il a de plus le bénéfice de la *restitutio in integrum*. Les choses sont alors replacées dans leur ancien état, et les actions éteintes par la transaction renaissent au profit des parties (LL. 1 et 2, C. *si adv. trans.*).

Le tuteur pourra-t-il toujours transiger? En vertu de l'adage *alienat qui transigit*, nous appliquerons ici les règles prescrites en matière de vente, et nous dirons que le tuteur peut parfaitement transiger sur des objets mobiliers sujets à dépérissement. Mais s'il s'agit d'un immeuble, le tuteur ne pourrait l'aliéner sans l'autorisation du magistrat ; devra-t-il pour transiger sur un semblable bien obtenir dans tous les cas cette autorisation? Si la transaction a pour résultat d'enlever au pupille la possession de l'immeuble en question ou de l'y maintenir, mais moyennant l'aliénation d'un autre immeuble ou d'un meuble que le tuteur n'a pas le droit d'aliéner, alors l'autorisation est nécessaire. Elle ne l'est pas si le pupille conserve ou acquiert la possession de l'immeuble moyennant la dation d'un meuble aliénable sans autorisation, non plus qu'au cas où l'adversaire du pupille sera maintenu en possession de l'immeuble en prenant un engagement quelconque envers lui (L. 22, C. *de adm. tut. et curat.*).

83. Les prodigues interdits ne pouvant, comme les mineurs sortis de l'*infantia*, que rendre leur condition meilleure (L. 6, D. *de verb. oblig.*), nous appliquerons à la transaction par eux consentie les mêmes règles qu'à celle faite par ces mineurs.

84. Quant aux mineurs de vingt-cinq ans sortis de tutelle, leur capacité était complète d'après le droit civil. Mais le préteur était venu les protéger contre leur inexpérience en leur accordant le droit de demander la *restitutio in integrum* pour faire remettre les choses dans leur ancien état toutes les fois que l'acte fait par eux leur aura causé une lésion (LL. 4, 20, 22, 25, 30, C. *de trans.*).

Le mineur de vingt-cinq ans pouvait toujours invoquer la *restitutio* soit qu'il eût ou non un curateur. Toutefois, si le mineur en curatelle vient à transiger seul, la transaction est nulle, et par suite il n'a pas besoin d'invoquer la *restitutio* (L. 3, C. *de in integr. restit.*).

Cette exception n'avait pas toujours été admise, comme nous le prouve un texte de Modestin (L. 101, D. *de verb. oblig.*), elle ne le fut que quand on eut décidé que les mineurs en curatelle ne pourraient rendre leur condition pire. La *restitutio* ne serait pas non plus invocable par le mineur de vingt-cinq ans qui aurait obtenu de l'empereur la *venia ætatis* (L. 1, C. *de his qui ven. ætat.* — L. 39, § 13, D. *de adm. et peric. tutor.*).

Lorsque la transaction était conclue par le mineur de vingt-cinq ans assisté de son curateur, ou par le curateur seul au nom du mineur, on suivait les règles prescrites en cas de transaction faite par un pupille avec l'*auctoritas* de son tuteur, ou par le tuteur seul agissant au nom du pupille.

55. Quant aux fous, la transaction faite par eux n'était valable que s'ils avaient agi dans un intervalle lucide (L. 5, D. *de reg. jur.*).

56. Les fils de famille et les esclaves ne pouvaient par leurs actes obliger leur père ou leur maître. Tel est le principe général qui s'appliquera à la transaction comme aux autres conventions.

Toutefois cette règle souffre en notre matière certaines exceptions que nous allons indiquer.

D'abord il est évident que quand le père de famille a chargé expressément son fils ou son esclave de faire une transaction, cette transaction produit tous ses effets.

En second lieu, quand le père de famille a confié à son fils ou à son esclave la libre et complète administration d'un pécule, ce fils ou cet esclave peut alors transiger valablement sur toutes les affaires qui concernent ce pécule. Cependant cette transaction serait nulle si elle était consentie par l'esclave ou par le fils de famille *donationis causa* (L. 52, § 26, D. *de furtis*).

Enfin la transaction faite par ces personnes serait encore valable si elles avaient été préposées par le père de famille à la conduite d'un navire ou à la gestion d'un commerce, pourvu, bien entendu, qu'elle portât sur les difficultés relatives à l'administration qui leur est confiée.

Les fils de famille ayant la pleine propriété de leurs pécules *castrense* et *quasi-castrense*, pouvaient transiger valablement sur toutes les difficultés relatives à ces pécules. Mais la transaction faite par le père sur ces pécules n'eût pas été plus valable que si elle eût porté sur les biens d'un fils émancipé (L. 10, D. *de trans.*). Il pourrait au contraire transiger sur le pécule adventice dont il a l'usufruit et son fils la nue propriété ; mais pour que cette transaction fût opposable au fils, le consentement de celui-ci deviendrait nécessaire dès qu'il serait en âge et en position de le manifester (L. 8, § 3, C. *de bon. quæ liber. in potest*).

Les esclaves ne pouvant avoir aucune action contre leurs maîtres, ni ceux-ci contre leurs esclaves, toute transaction intervenue entre eux serait nulle (L. 13, C. *de trans.*).

Il en serait de même pour la transaction qui aurait lieu entre le père et le fils de famille, puisqu'il ne peut non plus exister entre eux ni dettes, ni créances reconnues par le droit civil. Mais de semblables transactions produiraient des obligations naturelles.

87. Il nous reste à rechercher quels étaient les pouvoirs du mandataire relativement à la faculté de transiger.

D'abord, en ce qui concerne le mandataire *in rem suam*, aucune difficulté. Comme il agit dans son seul intérêt, il est absolument maître du droit litigieux et peut transiger comme bon lui semble (L. 13, § 1, D. *de pactis*).

Le mandataire particulier ne peut jamais transiger s'il n'en a pas reçu l'autorisation expresse. C'est ainsi qu'un mandataire *ad litem* ne peut, sans ordre spécial, faire une transaction; il a reçu mandat de poursuivre et non de terminer le procès (L. 7, C. *de trans.*).

Le mandat général entraîne-t-il la faculté de transiger? La L. 12, D. *de pactis* qui déclare obligatoire pour le mandant le pacte *de non petendo* même gratuit consenti par le *procurator omnium bonorum*, et la L. 58, D. *de procurat.* qui lui permet de faire un échange, semblent bien devoir lui faire accorder cette faculté, et ce qui vient encore à l'appui de ces textes, c'est la L. 17, § 3, D. *de jurejur.* qui l'autorise à déférer le serment, lequel présente beaucoup plus de danger que la transaction. Il est vrai que la L. 60, D. *de procur.* nous dit formellement que le mandataire général n'a pas qualité pour transiger; mais cette contradiction de la L. 60 ne porte aucune atteinte à ce que nous venons de dire, car il est probable, comme le remarque Cujas (*ad leg.* 60 *de procur.*), qu'elle ne s'applique qu'au mandat général *ad lites*, et non pas au mandât général *ad negotia*.

Quant au mandataire de l'empereur, *procurator Cæsaris*, il ne peut transiger s'il n'en a pas reçu l'autorisation spéciale (L. 13, D. *de trans.*).

Les administrateurs des cités peuvent valablement transiger sur toutes les affaires qui intéressent la cité; mais la transaction serait annulée par le président de la province si elle servait de prétexte à quelque acte préjudiciable à la cité (L. 12, C. *de trans.*).

CHAPITRE VI.

DE LA RÉSOLUTION, DE LA NULLITÉ ET DE LA RESCISION DE LA TRANSACTION.

58. Lorsque la transaction a été conclue par simple pacte, elle peut être résolue soit par l'accord des deux parties, soit par la seule volonté du défendeur. C'est là une conséquence de la survie de l'action au pacte *de non petendo* et de la nécessité d'une exception pour le défendeur.

C'est ainsi d'abord que les deux parties peuvent convenir que les choses données seront rendues et l'action reprise même après que le défendeur a effectué la dation promise en exécution de la transaction (L. 14, C. *de trans.*).

Le défendeur qui a exécuté peut encore résoudre la transaction en n'opposant pas son exception de pacte au demandeur qui le poursuit. Il attendra l'issue du procès, et, quelle qu'elle soit, il pourra intenter alors la condiction *causa data, causa non secuta* pour recouvrer ce qu'il a donné (L. 23, *pr.*, D. *de cond. indeb.*). Il pourrait aussi intenter l'action *præscriptis verbis*, car l'exécution de la transaction a fait naître un contrat innomé. Cette action serait même la seule à laquelle il pourrait recourir si au lieu de consister en une dation l'exécution avait consisté en un fait.

S'il n'a pas encore exécuté, le défendeur est absolument maître de résoudre la transaction. Il n'a qu'à opposer à la poursuite du demandeur ses anciens moyens de défense au lieu de le repousser par l'exception de pacto, et alors, que le jugement l'absolve ou le condamne, il se trouvera à l'abri de toute nouvelle poursuite puisque le demandeur a fait usage de son action.

59. La transaction qui a été régulièrement exécutée peut être entachée de certains vices qui amèneront soit la nullité, soit la rescision de cette convention.

Ainsi la transaction sera nulle quand elle ne présentera pas tous les caractères essentiels à sa formation, quand elle portera sur quelque chose qui ne peut faire l'objet d'une semblable convention, quand il y aura incapacité des parties ou de l'une d'elles. Nous avons déjà signalé ces diverses causes de nullité dans les chapitres I, III et V.

60. Mais la transaction peut, en dehors de ces vices qui la rendent nulle de plein droit, en présenter certains autres qui sans avoir un effet aussi radical, sans s'opposer à son existence, peuvent amener sa rescision.

Les causes de rescision des conventions ordinaires sont la lésion, l'erreur, le dol, la violence et la minorité. Produisent-elles leurs effets à l'égard de la transaction? C'est ce que nous allons examiner.

61. Et d'abord la lésion peut-elle faire rescinder la transaction? Si l'on considère le but que les parties se sont proposé d'atteindre en transigeant, on voit immédiatement que l'idée de lésion est incompatible avec celle de transaction. Que faut-il en effet pour qu'il y ait lésion? Il faut que dans une convention ayant pour objet des prestations considérées comme équivalentes l'une des parties reçoive moins qu'elle n'a donné. Il faut donc que la valeur de ces prestations mutuelles puisse être appréciée pour savoir s'il y a ou non lésion. Or cette appréciation est-elle possible en matière de transaction? Que se proposent ici les parties contractantes? N'est-ce pas de sortir d'une position équivoque, de se soustraire à la menace d'un procès probable, en un mot de se mettre en garde contre les dangers réels ou imaginaires que présente leur situation? Tel est l'objet, essentiellement incertain, des concessions que les parties se font réciproquement Cette incertitude, qui ne permet pas d'apprécier si le droit acquis par l'un des contractants est l'équivalent de la dation ou de la prestation fournie par l'autre, ne permet pas que la transaction puisse être rescindée pour cause de lésion. Elle ne serait pas rescindable lors même qu'il y aurait preuve

acquise qu'elle n'a porté que sur des difficultés imaginaires (LL. 2 *et* 23, C. *de trans.*).

62. L'erreur n'est une cause de rescision de la transaction que quand elle porte sur un point que les parties ont considéré comme certain, comme ne faisant pour elles l'objet d'aucun doute. Alors en effet il n'y aura pas eu consentement (L. 3, § 2, D. *de trans.*).

Lorqu'au contraire l'erreur porte sur l'existence d'un droit que les parties en transigeant considéraient comme douteux, cette erreur ne rendra pas la transaction rescindable, puisque c'est précisément dans le but de mettre fin à cette incertitude qu'elle a été conclue. Elle ne sera pas non plus une cause de rescision quand elle portera sur des objets qui n'ont pas été compris dans la transaction, seulement elle ne produira aucun effet relativement à ces objets (L. 5 *et* 12, D. *de trans.* — L. 20, C. *de trans.*).

Quand l'erreur provient de ce que l'on a considéré comme véritables des titres faux, la transaction sera rescindée. Mais il est nécessaire pour cela que le faux soit préalablement constaté par jugement civil ou criminel, ou qu'il soit reconnu par la partie qui a produit les actes faux. Il importe en outre que les parties aient cru à la sincérité des titres, et que ce soit précisément cette croyance qui les ait amenées à transiger.

Si la transaction contient plusieurs clauses distinctes, la fausseté des titres ne pourra faire rescinder que les clauses auxquelles ils se rapportent, les autres subsisteront. Mais s'il existait un lien entre les diverses clauses de la transaction, la nullité des pièces ferait rescinder cette convention pour le tout (L. 42, C. *de trans.*). Cela tient à ce qu'en droit romain la transaction est divisible.

Si les parties avaient transigé sur la fausseté même des titres, la transaction serait évidemment maintenue.

63. Le dol entraîne la nullité de la transaction. Quand c'est le demandeur qui a été victime des manœuvres frauduleuses de son adversaire, si la transaction a eu lieu sous forme de simple pacte, l'action primitive subsiste et à l'exception *pacti conventi* que lui opposera le défendeur, il répondra par la réplique de dol et obtiendra condamnation. Si la transaction a eu lieu sous forme d'acceptilation, alors l'action primitive a disparu et le demandeur aura l'action de dol (L. 19, C. *de trans.*).

Si c'est le défendeur qui a souffert du dol, il aura la *condictio sine causa* pour se faire restituer ce qu'il a donné en exécution de la convention; s'il n'a pas encore exécuté, il repoussera les poursuites de son adversaire par l'exception de dol.

Si la transaction a porté spécialement sur le dol lui-même, il n'y aura pas lieu à rescision (L. 4, C. *de trans.*).

64. La violence amènera la rescision de la transaction quand elle présentera les caractères

exigés par l'édit du préteur; il ne suffirait pas qu'elle ait produit une crainte ordinaire, il faut une crainte sérieuse, une crainte qui *salutis periculum, vel corporis cruciatum contineat* (L. 13, C. *de trans.*).

Peu importe de qui émane la violence. Si c'est le demandeur qui en a souffert, il fera rescinder la transaction en intentant son action primitive si elle subsiste encore et en opposant la *replicatio metus* à l'exception de pacto du défendeur. Si son ancienne action est éteinte, il aura l'action *quod metus causa* par laquelle il fera condamner son adversaire à lui payer une somme d'argent, ou la *restitutio in integrum* par laquelle il se fera remettre en possession de sa chose. Quant au défendeur qui a subi la violence, s'il n'a pas encore exécuté la transaction, il opposera à l'action primitive du demandeur, au cas où celui-ci l'a conservée, tous les moyens de défense qu'il aurait pu lui opposer avant la transaction; si c'est en vertu de l'action née de la transaction qu'il est poursuivi, il opposera l'exception *metus causa*. S'il a exécuté, il aura l'action *quod metus causa* ou la *restitutio in integrum*.

65. Quant à la minorité, nous avons déjà vu dans le chapitre précédent dans quels cas elle pouvait amener la rescision d'une transaction. Nous n'avons pas à y revenir ici. Nous dirons simplement qu'on appliquera en cette matière les principes généraux sur la *restitutio in integrum*.

DROIT FRANÇAIS.

DE LA TRANSACTION.

CHAPITRE I.

DÉFINITION DE LA TRANSACTION. — SES CARACTÈRES ESSENTIELS.

66. Les principes établis par le droit romain en matière de transaction avaient été, à peu d'exceptions près, adoptés par notre ancien droit coutumier. Notre droit actuel les admet aussi presque tous, et en étudiant au troisième livre du Code civil, le titre quinzième relatif à la transaction, nous allons, à part quelques rares modifications empruntées à notre ancienne jurisprudence, constater à chaque instant l'influence de la législation romaine. Les rédacteurs de notre Code, cela résulte de la discussion qui eut lieu au Conseil d'État le 17 ventôse an XII, n'ont pas entendu innover en cette matière,

mais simplement consacrer le droit existant. La transaction a donc conservé dans notre droit français les caractères essentiels que nous lui avons reconnus en droit romain, et nous la définirons encore : l'accord intervenu, moyennant concessions réciproques, entre deux ou plusieurs personnes, sur les prétentions litigieuses ou incertaines qui les divisent.

67. Ce n'est pas ainsi pourtant que le Code civil définit la transaction. L'article 2044 nous dit que c'est « un contrat par lequel les parties » terminent une contestation née ou préviennent » une contestation à naître. »

Il résulte de cette définition que dans notre droit la transaction est toujours un contrat ; en droit romain, au contraire, elle pouvait n'être qu'une simple convention. C'est que la loi romaine distinguait, selon qu'elles étaient ou non sanctionnées par l'ancien droit civil, des conventions obligatoires qui recevaient le nom spécial de contrats, et des conventions non obligatoires qui n'étaient désignées que sous le nom générique de conventions. Le droit prétorien et les constitutions impériales avaient peu à peu fait perdre à cette distinction son importance première, et notre droit n'en a conservé aucune trace : il donne le nom de contrat à toute convention tendant à faire naître des obligations.

68. Si nous recherchons maintenant quels sont les caractères particuliers de la transaction, nous voyons dans l'art. 2044 qu'elle n'intervient ja-

mais que sur des droits litigieux. C'est encore là une différence entre notre droit et le droit romain, où comme nous l'avons vu en étudiant la L. 11, C. *de transactionibus* et la L. 8, D. *de trans.*, il y avait transaction valable lors même que cette convention n'avait d'autre but que de substituer à un droit conditionnel ou aléatoire un droit actuel ou certain.

60. Il faut donc, pour que la transaction soit possible, qu'elle intervienne sur un droit litigieux, c'est-à-dire actuellement contesté ou sur lequel on peut craindre une contestation à naître. Quand le procès est engagé, pas de difficulté ; mais dans le cas contraire comment reconnaître si le droit qui a fait l'objet de la transaction présentait en réalité un élément litigieux ? Suffit-il que les parties aient pu, pour telle ou telle raison, plus ou moins bien fondée, concevoir quelque doute sur le droit en question et redouter par suite un procès à venir, ou bien faut-il que le droit soit absolument et rigoureusement incertain, de telle sorte que la crainte d'un procès soit réelle et sérieuse ? On s'est appuyé, pour soutenir cette dernière opinion, sur ce que disait M. Bigot-Préameneu dans l'exposé des motifs de notre titre : « Il sera toujours facile aux juges » de vérifier si l'objet de l'acte était susceptible » de doute. » (Fenet, t. XV, p. 104.) Prendre ces paroles à la lettre, ce serait remettre en question ce qui a été décidé, ce serait faire naître le procès que les parties ont voulu éviter, en un mot, ce

serait aller directement contre le but de la transaction. Aussi, en présence de l'impossibilité d'établir des règles précises sur le point de savoir s'il y avait ou non matière à litige sérieux entre les parties, est-il plus conforme à l'esprit de la loi de dire que les juges appelés à statuer sur la validité d'une transaction devront simplement examiner si, au point de vue des parties, le droit présentait quelque élément litigieux, et ce n'est que sur des motifs très-graves, et seulement lorsqu'il sera prouvé que dans l'esprit des parties la question ne présentait absolument rien de contestable, qu'ils devront déclarer qu'il n'y a pas dans la cause matière à transaction. Nous dirons donc que dans notre droit, comme en droit romain, *plus est in opinione quam in veritate*, et que la crainte même déraisonnable d'un procès est suffisante pour la validité de la transaction. D'ailleurs l'art. 2044 ne distingue pas si la contestation à naître pouvait ou non paraître fondée; la loi s'en rapporte à la conscience et à la sagesse des juges qui devront rechercher moins le droit en lui-même que l'opinion que les parties en ont eue. Leur jugement sur ce point ne pourra être déféré à la Cour de cassation, ainsi que l'a décidé cette Cour par arrêt du 7 février 1809.

70. Outre cet élément essentiel de la transaction, l'incertitude du droit sur lequel elle intervient, nous avons dit, en définissant ce contrat, que dans notre droit, comme en droit romain, la ré-

ciprocité de concessions entre les parties constituait un de ses caractères distinctifs. Or, l'article 2044 est absolument muet sur ce point, et à nous en tenir à ce texte, nous dirions que notre loi ne fait plus une nécessité de ces sacrifices mutuels.

Notre législateur a-t-il donc entendu innover à cet égard? A ne consulter que les travaux préparatoires, on admettrait l'affirmative. Les rédacteurs du Code n'avaient plus ici Pothier pour les guider. Le célèbre jurisconsulte était mort avant d'avoir écrit le traité de la transaction qu'il avait annoncé (Tr. de la Vente, n° 647), et, à défaut de leur guide habituel, ils s'inspirèrent de Domat. C'est à lui qu'ils doivent la définition imparfaite de l'article 2044. Suivant Domat, « la » transaction est une convention entre deux ou » plusieurs personnes qui, pour prévenir ou ter- » miner un procès, règlent leur différend de gré » à gré de la manière dont ils conviennent et que » chacun d'eux préfère à l'espérance de gagner » jointe au péril de perdre. » (Lois civ., liv. I, tit. XIII, sect. 1, § 1). « Ce qui est dit, ajoute t-il, » (§ 2), dans la L. 38 C. *de trans.*, qu'il n'y a » point de transaction si l'on ne donne et ne pro- » met rien, ou si on ne retient quelque chose, ne » doit pas être pris à la lettre, car on peut transi- » ger sans rien donner et sans rien promettre » ni rien retenir. » Les rédacteurs de notre Code adoptèrent sous une forme plus concise, mais sans y rien ajouter, la définition de Domat.

M. Bigot-Préameneu, dans l'exposé des motifs et M. Albisson dans son rapport au Tribunat reproduisirent cette doctrine qui ne fut l'objet d'aucune observation (Fenet, t. XV, p. 103 et 113). Mais c'est là une erreur de ces deux orateurs à laquelle il ne faut pas s'arrêter, et l'étrange lacune que présente la définition du Code doit être comblée sans hésitation.

La nécessité de cette correction résulte de certaines dispositions de la loi elle-même. Qu'arriverait-il en effet si l'on s'attachait strictement à cette doctrine erronée? Il deviendrait impossible de distinguer la transaction de certains autres contrats qui, eux aussi, préviennent ou terminent un litige, mais qui diffèrent profondément de la transaction en ce qu'ils n'exigent pas réciprocité de concessions.

71. C'est ainsi que la transaction diffère du désistement. Celui-ci, lorsqu'il porte sur l'instance engagée et qu'il doit être accepté, conformément aux articles 402 et 403 du Code de procédure, exige bien l'accord des parties, mais il n'y a là sacrifice que d'un seul côté : la partie qui accepte le désistement ne fait évidemment aucun sacrifice à l'autre. Quand il porte sur le fond du droit, cette acceptation n'est même pas nécessaire. La partie qui se désiste peut être, à la rigueur, considérée comme faisant une concession à son adversaire, mais celui-ci ne lui en fait assurément aucune.

72. L'acquiescement diffère aussi de la trans-

action par l'absence de concessions réciproques. Il n'y a sacrifice que du côté du défendeur qui reconnaît la légitimité de la prétention du demandeur, sans recevoir de lui aucune concession en retour. Et la preuve que le Code civil ne confond pas la transaction avec le désistement résulte du rapprochement des articles 464 et 467, où les pouvoirs du tuteur, selon qu'il s'agit d'acquiescer ou de transiger, sont réglés d'une manière si différente.

73. Quant au compromis qui offre aussi un moyen de terminer un procès, en permettant aux parties de soumettre leur différend à des arbitres de leur choix au lieu de recourir aux tribunaux, il diffère plus encore de la transaction, puisqu'il n'implique sacrifice ni d'un côté ni de l'autre; tout au contraire, le fait de choisir des arbitres indique chez les parties la résolution de ne se faire aucune concession.

74. Le serment diffère aussi de la transaction par le manque de sacrifices réciproques. Il en est de même de la remise de la dette et des actes récognitifs ou confirmatifs. Le Code civil (art. 1282 à 1288, — 1338 à 1340), ne nous autorise point à considérer ces actes comme des transactions, lors même qu'il y aurait contestation sur la validité du titre ou sur l'existence de la dette. Ici encore, la réciprocité de sacrifices fait défaut. Mais si la remise d'une dette dont l'existence offre quelque doute, si la reconnaissance ou la confirmation d'un acte dont la validité peut être contestée a

lieu moyennant un prix quelconque, il est évident que cette convention, quelque nom qu'on lui ait donné, constitue une véritable transaction.

75. A part ces deux caractères spéciaux, l'incertitude du droit et la réciprocité de concessions, la transaction présente certains caractères généraux qui lui sont communs avec d'autres contrats et que nous allons examiner.

D'abord, le contrat de transaction est consensuel ; le seul consentement suffit pour lui donner sa perfection. Il est vrai que le second alinéa de l'art. 2044 exige qu'il soit rédigé par écrit, mais il n'en faut pas conclure que notre Code ait voulu faire de la transaction un contrat solennel. Il a voulu seulement, le rapport de M. Albisson au Tribunat en fait foi, exclure en cette matière la preuve testimoniale, quelle que soit la valeur sur laquelle on transige (Fenet, t. XV, p. 115).

Ce contrat est bilatéral, car les contractants s'obligent réciproquement l'un envers l'autre (article 1102 C. civ.), soit à faire, soit à ne pas faire ; c'est même d'ordinaire sous cette dernière forme que se présente l'obligation de l'une des parties, de celle qui abandonne tout ou partie de sa prétention moyennant la reconnaissance partielle de son droit ou une prestation quelconque en retour. Il résulte de ce caractère synallagmatique de la transaction que l'acte sous seing privé qui la constate devra être rédigé en autant d'originaux qu'il y aura de parties ayant un intérêt distinct (art. 1325 C. civ.).

C'est un contrat à titre onéreux, puisqu'il exige des sacrifices réciproques, et comme la concession faite par l'une des parties est toujours censée compensée par la concession faite par l'autre, nous pensons, contrairement à l'opinion de MM. Delvincourt (Trans., § 2) et Marbeau (Tr. des trans., n° 9), que ce contrat est toujours commutatif, quelle que soit la nature du droit consenti à celui des contractants qui renonce à tout ou partie de sa prétention. Lors même que ce droit présenterait un caractère aléatoire, si c'était par exemple une constitution d'usufruit ou de rente viagère, la transaction n'en serait pas moins un contrat commutatif, puisque les parties ont pu, en contractant, apprécier immédiatement l'avantage qu'elles se sont mutuellement consenti, avantage qui consiste dans la sécurité que leur procure la transaction en les mettant à l'abri de tout procès futur.

Un dernier caractère de la transaction, c'est d'être non pas, comme on l'a dit, un contrat accessoire, puisqu'elle n'intervient pas, comme le cautionnement par exemple, pour sanctionner une obligation préexistante, mais un contrat secondaire, car elle présuppose toujours entre les parties l'existence de rapports antérieurs sur lesquels elle intervient.

76. Enfin, le contrat de transaction reçoit l'application des règles générales communes à tous les contrats en ce qui touche la capacité et le consentement des parties, l'objet certain et la

cause licite de l'obligation. Il peut être fait sous condition soit suspensive, soit résolutoire et recevoir les diverses modalités qui peuvent affecter les contrats.

CHAPITRE II.

DES FORMES DE LA TRANSACTION. DE SA PREUVE.

I. — *Formes de la transaction.*

77. Nous avons dit dans le chapitre précédent que d'après le second alinéa de l'art. 2044, « le contrat de transaction doit être rédigé par écrit ». Est-ce à dire que l'écriture soit substantielle dans la transaction et que cette formalité soit exigée à peine de nullité? Il n'en est absolument rien. L'art. 2044 exige un écrit non pas *ad solemnitatem*. comme condition essentielle de l'existence du contrat, mais *ad probationem*, comme simple moyen de preuve. C'est là une innovation de notre Code, car dans notre ancien droit, comme en droit romain, la preuve testimoniale était admise en matière de transaction. Aussi est-ce à tort et contrairement à la jurisprudence admise que la Cour de Caen, par arrêt du 12 avril 1845, a jugé qu'une transaction devait, pour être valable, être rédigée par écrit. Une transaction verbale avouée par

les parties aurait la même autorité qu'une transaction écrite (Bruxelles, 1er décembre 1810).

La loi ne soumet donc ce contrat à aucune forme spéciale, et quand il sera constaté par écrit, il pourra l'être aussi bien par acte sous seing privé que par acte authentique.

78. Si les parties choisissent la forme sous seing privé, elles doivent, nous l'avons déjà dit, rédiger autant d'originaux qu'il y a d'intérêts opposés figurant au contrat. Il est un cas pourtant où l'inobservation de cette formalité n'empêcherait point la transaction de produire ses effets : c'est quand ce contrat, conclu verbalement, vient à se traduire en un acte d'exécution de la part de l'une des parties. En voici un exemple donné par M. Troplong (Trans., nos 34 et 35) ; Primus réclame 15,000 francs à Secundus qui prétend ne lui en devoir que 5,000. Ils font une transaction sans en dresser acte et conviennent que Secundus payera 10,000 francs à Primus.

Le payement s'effectue et quittance en est donnée par laquelle Primus déclare Secundus complétement libéré envers lui. Cette quittance est valable bien qu'elle ne soit pas en double original (Paris, 2 mai 1815). Il en serait de même si au lieu de payer Primus, Secundus lui avait souscrit un billet. Il n'y a ici qu'une obligation unilatérale, un seul écrit suffit pour la constater, car les seuls actes qui doivent être faits doubles sont ceux qui énoncent des engagements respectifs (Cass., 26 oct. 1808). La quittance ou le billet ne prouvent pas la transaction, ils prouvent seulement qu'il y a eu obligation unilatérale de la part de Secundus. Il n'y a donc véritablement pas là, comme le fait observer M. Troplong (n° 35), une exception à la règle de l'article 1325 du Code civil.

79. Lorsque la transaction se fait par acte authentique, elle peut se présenter sous trois formes différentes : acte notarié, procès-verbal de conciliation, jugement d'expédient.

1° L'acte notarié, le plus usité de ces trois modes, devra être rédigé en minute. Cela résulte évidemment de l'article 20 de la loi du 25 ventôse an XI, qui ne permet de délivrer en brevet que les actes simples, c'est-à-dire, comme le prouvent les travaux préparatoires de cette loi, ceux qui n'engendrent que des obligations unilatérales. Si les parties en requéraient la délivrance en brevet, le notaire devrait, pour se mettre à l'abri d'une action en responsabilité, leur refuser son ministère (M. Rolland de Villargues, Rép. du notar., v° Acte en brev., n° 7, 9, 30). Si pourtant le contrat de transaction était passé en brevet, il ne resterait pas absolument sans valeur, il vaudrait comme écrit sous signature privée en vertu de l'article 68 de la même loi.

2° Quand la transaction se présente sous la forme d'un procès-verbal de conciliation, cet acte dressé par un officier public compétent offre toutes les conditions d'authenticité requises par l'article 1317 du Code civil. Il aura donc date certaine et fera foi jusqu'à inscription de faux; mais aux termes du second alinéa de l'article 54 du Code de procédure, inséré dans la loi sur les réclamations intéressées des notaires de Paris, ce procès-verbal aura simplement force d'acte sous seing privé, c'est-à-dire qu'il n'emportera pas hypothèque et ne permettra pas d'exécuter le débiteur. Il faut du reste, pour que ce procès-verbal produise ses effets, qu'il soit signé des parties, sinon il serait nul (Rennes, 13 mars 1837).

3° La transaction est encore authentique quand elle prend la forme d'un jugement d'expédient ou jugement convenu. Cette transaction judiciaire s'opère de deux façons distinctes : ou les parties arrêtent de concert le dispositif du jugement, le signent et le soumettent à l'homologation du tribunal, ou bien, et c'est ainsi généralement que les choses se passent, les parties, après avoir rédigé le jugement d'un commun accord, le font présenter à l'audience par leurs avoués sous forme de conclusions, et le tribunal en donne acte.

Dans le premier cas, le jugement n'a que la valeur d'une convention privée, l'homologation ne le convertit pas en une décision judiciaire (Cass., 20 avril 1857), et si les parties ne sont pas maîtresses de leurs droits, il ne peut jamais passer en force de chose jugée. La transaction qu'il contient peut toujours être attaquée par action principale, sans qu'il soit nécessaire d'interjeter appel (Turin, 29 juill. 1809). Cependant cette transaction, tout en conservant sa nature de convention, emporterait, grâce à sa forme de jugement, hypothèque judiciaire et aurait force exécutoire; et, comme la transaction existe indépendamment de cette forme, les parties, une fois le dispositif signé, ne pourraient plus revenir sur leur convention, bien qu'elle n'ait pas encore été homologuée.

Si au contraire les parties ont simplement posé des conclusions, alors le jugement, bien que rendu par suite d'un mutuel consentement, a le caractère d'une véritable décision judiciaire et porte l'empreinte de la chose jugée. Il n'est susceptible que des recours ordinaires par lesquels les jugements peuvent être attaqués, et ne peut être atteint par action principale en nullité.

M. Troplong (n° 37) n'admet pas que les parties puissent procéder autrement que par voie de conclusions. Il trouve abusif et irrespectueux envers la magistrature l'usage des jugements d'expédient. « Le juge, dit-il, qui a le sentiment de son » devoir et de sa dignité ne doit pas consentir à » être ainsi un instrument passif... La sentence » doit être l'œuvre du juge, elle doit être le ré» sultat d'un examen libre. » Et il ajoute : « qu'il » faut que le juge conserve toujours le droit de » repousser les accords des parties, si de la teneur » des conclusions elles-mêmes, ou de la qualité » des personnes, ou de l'objet de leur accommo» dement, il résulte la preuve de quelque empê» chement légal. »

M. Troplong paraît croire, en se livrant à ces

critiques, que le juge est tenu de sanctionner le jugement convenu. Or rien dans la loi ne l'y oblige. Il ne peut pas, il est vrai, modifier le dispositif rédigé par les parties, mais il reste absolument maître de refuser son homologation. S'il l'accorde, il fait sienne la sentence soumise à son examen ; il n'y a pas là de sa part abdication de liberté.

80. Il arrive quelquefois que les parties qui veulent transiger remettent à un tiers amiable compositeur un blanc-seing sur lequel elles l'autorisent à rédiger les conventions qui doivent terminer leur différend. C'est là un mandat valable et les engagements qui en résulteront seront parfaitement licites (Rennes, 28 avril 1818). Mais y a-t-il vraiment là transaction ? Evidemment non ; dans la transaction les parties se rendent justice elles-mêmes, ici elles ont remis à un tiers le soin de les juger ; elles n'ont pas transigé, elles ont fait un compromis (Cass., 29 déc. 1862).

II. — *Preuves de la transaction.*

81. L'article 2044, avons-nous dit, n'exige l'emploi de l'écriture, en matière de transaction, que comme moyen de preuve, et cela quelle que soit la valeur de l'objet de la contestation. La preuve testimoniale est donc absolument proscrite, même au-dessous de cent cinquante francs (Caen, 9 vent. an VIII). Cette exception au droit

commun s'explique par une raison fort juste : la transaction est un contrat qui, en général, contient des clauses multiples, souvent dépendantes les unes des autres ; il aurait été dangereux de s'en remettre à cet égard à la mémoire plus ou moins fidèle des témoins. De plus, l'enquête aurait pu être longue et coûteuse et n'avoir d'autre résultat que d'amener sur l'existence du contrat un procès plus compliqué que celui que les parties ont voulu éviter en transigeant.

82. La preuve par témoins ne devrait pas être admise lors même qu'il y aurait un commencement de preuve par écrit. Telle n'est pas l'opinion de M. Merlin, qui applique ici l'article 1347 du Code civil (Quest. de dr., v° Trans., § 8, n° 3). Son sentiment a été suivi par la Cour de Bordeaux dans son arrêt du 28 mai 1834. La Cour de cassation à qui cet arrêt fut déféré évita de se prononcer sur la question (25 fév. 1835). Depuis, la Cour de Caen (12 avril 1845) et celle de Pau (1er août 1860) ont décidé, conformément à la doctrine généralement adoptée, que la preuve testimoniale n'était pas admissible, même au cas où il y avait commencement de preuve par écrit ; mais la Cour de cassation s'est prononcée en sens contraire par arrêt du 28 novembre 1864.

La prescription de l'article 2044 devrait être appliquée même dans le cas où la transaction porte sur des questions de la compétence des tribunaux de commerce. La transaction en effet ne figure pas dans l'article 632 du Code de commerce parmi les actes que la loi répute commerciaux ; elle est même par sa nature absolument contraire à toute idée de spéculation ; aussi un arrêt de la Cour de Bordeaux du 5 février 1857 a-t-il décidé que la preuve par écrit devait être exigée en semblable hypothèse (*sic* M. Bonnier, Tr. des preuv., n° 180. — *Contra* MM. Massé et Vergé, t. V, p. 86).

Cependant il faudrait admettre une exception à la règle de notre article, et autoriser la preuve par témoins lorsque l'inexistence d'un écrit n'est pas imputable aux parties. Le témoignage devrait donc être admis dans les cas prévus par l'article 1348 du Code civil, c'est-à-dire quand l'acte aura été perdu ou détruit par cas fortuit ou force majeure, ou bien quand il n'aura pas été possible de dresser un écrit.

83. De cette exclusion de la preuve testimoniale il résulte que les présomptions de l'homme sont également exclues en matière de transaction (art. 1353 C. civ.). Quant aux présomptions légales, nous n'en trouvons nulle part ; la loi ne pouvait pas en effet présumer une transaction. Il faut exclure aussi le serment supplétoire qui ne peut être déféré que quand le témoignage et les présomptions de l'homme sont eux-mêmes admissibles (art. 1367 C. civ.).

84. Mais le serment décisoire pourrait être déféré par l'une des parties à l'autre sur l'existence même de la transaction (Bruxelles, 1er déc. 1810. — Nancy, 29 juill. 1837 — Limoges, 6 févr. 1845.

— *Contra* Montpellier, 3 déc. 1825 — Req., 7 juill. 1829). Le Code civil (art. 1358) le déclare admissible sur quelque espèce de contestation que ce soit, et cela encore qu'il n'y ait aucun commencement de preuve par écrit (art. 1360). Il ne présente du reste aucun des inconvénients de la preuve par témoins ; son but est de provoquer un aveu, et l'aveu, nous le savons, suffit pour établir l'existence d'une transaction.

85. Quant à l'interrogatoire sur faits et articles, comme il tend, ainsi que le serment décisoire, à amener un aveu, nous dirons qu'on peut y avoir recours pour arriver à la preuve d'une transaction ; d'ailleurs l'article 324 du Code de procédure l'admet en toutes matières, et il paraît difficile, en présence de cette disposition formelle de la loi, de le repousser ici (Bruxelles, 1er déc. 1810).

On a dit, à propos des deux derniers modes de preuve que nous venons d'admettre, « qu'il était » déplorable d'ouvrir la lutte judiciaire sur » l'existence d'un acte destiné à la fermer. » (M. Troplong, n° 31). C'est aller, croyons nous, au delà des intentions de la loi que de proscrire ces moyens de preuve comme donnant lieu à un nouveau procès. Le seul moyen de preuve que la loi repousse, ce sont les enquêtes dont elle craint justement les dangers. Si nous rejetions le serment et l'interrogatoire sous prétexte qu'ils peuvent faire naître des procès, nous serions

P. D. 7

amenés à repousser aussi la vérification d'écritures, puisqu'elle peut mettre en question l'existence même de la transaction.

CHAPITRE III.

DES PERSONNES QUI PEUVENT TRANSIGER.

86. La transaction, impliquant toujours l'idée d'un sacrifice réciproque, est un acte d'aliénation. Aussi faut-il pour transiger, dit l'article 2045, avoir la capacité de disposer des objets compris dans la transaction, et comme ce n'est pas là un contrat à titre gratuit, il est clair que la loi n'a en vue ici que la capacité de disposer à titre onéreux.

87. Cependant M Mourlon (Rép. écr. sur le C. civ., t. III, n° 1175) prétend tirer de l'esprit de la loi qu'il faut pour transiger la capacité d'aliéner tant à titre gratuit qu'à titre onéreux. Il argumente en ce sens de l'article 467 du Code civil qui permet au tuteur de disposer à titre onéreux des droits mobiliers du mineur, et cela comme bon lui semble, et qui lui défend de transiger sur ces mêmes droits sans observer certaines formalités, et il en conclut qu'il ne suffit pas pour transiger d'être capable de disposer à

titre onéreux du droit en litige, mais qu'il faut en outre pouvoir en disposer gratuitement.

L'erreur de cette doctrine vient de ce qu'elle fait une confusion entre la question de pouvoirs et la question de capacité. Sans doute le tuteur a des pouvoirs plus ou moins étendus, mais, à proprement parler, il n'a pas de capacité, il n'est qu'un mandataire institué par la loi qui lui permet certains actes et lui en interdit certains autres. Ainsi elle l'autorise à faire une transaction sous certaines conditions nécessitées par l'importance et la gravité de ce contrat; jamais elle ne l'autorise à faire une donation. Il ne faut donc pas faire dépendre l'aptitude à transiger de l'aptitude à donner et conclure que celui qui peut aliéner seulement à titre onéreux ne peut faire une transaction.

Cette doctrine aurait pour résultat d'enlever au condamné à une peine afflictive perpétuelle le droit de transiger, car, aux termes de l'article 3 de la loi du 31 mai 1854, ce condamné ne peut disposer de ses biens à titre gratuit que pour cause d'aliments. De même le failli qui a perdu, relativement à ses créanciers, le droit de faire des donations (art. 446 C. com.) conserve cependant encore jusqu'à la déclaration de faillite le droit de transiger.

Il suffit donc, la loi elle-même nous le prouve, d'avoir pour transiger valablement la capacité d'aliéner à titre onéreux. Cette capacité doit s'entendre dans le sens le plus large; elle forme la règle générale (art. 1123 et 1594 Code civ.). L'incapacité est l'exception. C'est d'elle seule que nous avons à nous occuper. Nous allons donc rechercher quelles personnes sont incapables de transiger.

§ 1. — *Des mineurs.*

88. *Du mineur en tutelle.* — Dans notre ancien droit, comme en droit romain, le mineur était incapable de consentir une transaction. Son tuteur pouvait transiger pour lui, seul et sans aucune formalité quand il s'agissait d'intérêts mobiliers; mais s'il s'agissait d'intérêts immobiliers, il avait besoin d'un avis de la famille et d'une ordonnance du juge (Pothier, Tr. des pers. et des ch., 1re part., t. VI, sect. IV, art. 3, § 2). C'est ainsi que la coutume de Bretagne défendait aux tuteurs de transiger dans les causes relatives à des immeubles ou à des meubles précieux sans cette double formalité de l'avis des parents et de l'autorité de justice (d'Argentré, s. l'art. 509, cout. de Bret.). Mais une condition empruntée au droit romain venait anéantir cette faculté laissée au tuteur. La transaction même régulièrement faite n'était jamais à l'abri de la rescision pour cause de lésion (Pothier, Proc. civ., part. V, ch. IV, § 1). « Elle » ne pouvait valoir, dit M. Berlier dans l'exposé » des motifs, qu'autant qu'elle profitait au pupille » et que celui-ci s'en contentait. » (Fenet, t. X,

p. 643). De là cette conséquence fâcheuse, mais inévitable, que l'on préférait souvent à une transaction qui n'avait rien de définitif, un procès dont le résultat avait du moins l'avantage d'être fixé irrévocablement. Cet excès de protection ne faisait donc que nuire au pupille en rendant la transaction impraticable.

89. Notre Code vint mettre un terme à cette situation fâcheuse en conciliant les droits du mineur avec la sécurité des tiers. Il permet au tuteur (art. 2045, 2e al) de transiger sur les droits de son pupille conformément aux règles prescrites par l'art. 467, et cela sans distinguer comme autrefois entre les droits mobiliers et les droits immobiliers.

Cet art. 467 exige pour la validité de la transaction faite par le tuteur au nom du mineur les trois conditions suivantes : 1° l'autorisation du conseil de famille, 2° l'avis de trois jurisconsultes désignés par le ministère public, 3° un jugement d'homologation rendu par le tribunal civil, le ministère public entendu en ses conclusions.

90. Sur la première de ces conditions nous dirons seulement qu'au cas où le conseil de famille n'aurait pas été unanime pour autoriser la transaction, le tuteur pourrait, conformément à l'art. 883 du Code de procédure, se pourvoir contre la délibération.

91. La seconde condition, l'avis de trois jurisconsultes, n'existait pas dans notre ancien droit.

Notre Code exige ici cette formalité parce que la transaction ne peut être utilement faite que par ceux qui ont une grande habitude des affaires; il faut une certaine habileté et même des connaissances juridiques que la loi ne suppose pas aux tuteurs en général, ni même aux conseils de famille bien qu'elle les fasse présider par les juges de paix, pour reconnaître l'existence ou la validité d'un droit, pour apprécier s'il est ou non douteux, s'il y a lieu de consentir quelques sacrifices et quelles concessions peuvent être faites sans inconvénient. Le tribunal, sans doute, a toutes les lumières nécessaires pour faire cette appréciation, mais la loi n'a pas voulu l'obliger à entrer dans tous les détails de l'affaire; de là l'introduction de cette formalité spéciale, l'avis de trois jurisconsultes désignés par le ministère public qui, d'après un usage constant, fondé à tort sur l'art. 495 du Code de procédure, les choisit invariablement parmi les avocats ayant au moins dix années d'exercice dans le ressort de la Cour d'appel. C'est là, ce nous semble, aller au delà des intentions de la loi, et restreindre un peu trop le sens de ses expressions, car le titre d'avocat n'est pas précisément toujours synonyme de celui de jurisconsulte.

Que faut-il entendre par l'avis de trois jurisconsultes? Suffit-il d'avoir leur opinion, et peut-on transiger lors même qu'elle serait contraire au projet de transaction, ou bien faut-il nécessairement qu'ils donnent leur approbation? Cette dernière opinion nous paraît seule admissible, car à quoi bon cette consultation, s'il était permis de passer outre et de n'en tenir nul compte? Mais faut-il que cet avis soit unanime, ou bien l'approbation de la majorité est-elle suffisante? Nous pensons avec M. Demolombe (t. VII, n° 745), que les trois opinions doivent être favorables à la transaction ; à quoi bon en effet exiger l'avis des trois jurisconsultes si l'on se contente de l'avis de deux seulement ? Faut-il enfin que l'avis des jurisconsultes précède la délibération du conseil de famille? La loi ne l'exige pas, et à s'en tenir à l'ordre suivi dans l'art. 467, elle semble plutôt indiquer le contraire, ce qui aura pour avantage d'éviter au mineur les frais de cette triple consultation toutes les fois que la transaction projetée présentera des dangers faciles à apercevoir dans une délibération du conseil de famille. On objecte que ce conseil pourra autoriser une transaction désavantageuse et s'opposer à une transaction opportune, mais c'est précisément pour parer à ces inconvénients que la loi exige l'avis des jurisconsultes, dont le but n'est pas d'éclairer la famille, mais d'apprécier l'opportunité de l'autorisation accordée ou refusée par elle, si, quand elle la refuse, le tuteur prend sur lui de les consulter.

92. Sur la troisième condition nous dirons, en nous appuyant sur le texte de l'art. 467 (2ᵉ al.) que c'est la rédaction même du contrat qui doit être soumise à l'homologation du tribunal. Cette

homologation est donnée en chambre du conseil (art. 458 C. civ., analog.), sur les conclusions favorables ou non du ministère public. Cette homologation ne fait pas de la transaction soumise au tribunal une transaction judiciaire, comme cela a lieu, ainsi que nous l'avons vu, au cas où le tribunal revêt de la forme des jugements une transaction qui aurait pu être valablement conclue sans cette formalité.

Dans notre matière l'homologation est une condition essentielle à l'existence même de la transaction; aussi, tant que cette homologation n'a pas été obtenue, la convention, si elle n'a pas été exécutée, n'existe entre les parties qu'à l'état de projet, et l'administration de l'enregistrement ne pourra percevoir les droits auxquels la transaction donne lieu qu'après l'accomplissement de cette formalité.

93. Quand toutes les conditions prescrites par l'article 467 ont été observées, la validité de la transaction est absolue et exclut toute rescision au profit du mineur, même au cas de lésion. Mais si les formalités exigées par la loi ont été omises en tout ou en partie, la transaction sera nulle relativement au mineur qui aura l'action en rescision indépendamment de toute lésion, et cela soit que la transaction ait été faite par le tuteur ou par le mineur lui-même.

94. La démonstration de ce que nous venons de dire se rattache à une théorie plus générale qui a sa place sous les articles 1305 à 1314 du Code

civil relatifs à tous les actes faits pendant la tutelle soit par le tuteur, soit par le mineur. Nous n'avons pas à l'exposer ici; nous citerons seulement à l'appui de cette proposition très-contestée un arrêt de la Cour de Turin du 29 juillet 1809 et un arrêt de la Cour de Trèves du 18 mars 1812. Ajoutons que la Cour de Paris a décidé qu'il devrait en être ainsi lors même que le tuteur qui a transigé sans se conformer à l'article 467 aurait obtenu ensuite l'autorisation du conseil de famille et l'homologation du tribunal (19 janv 1810). Un arrêt de la Cour de Montpellier du 26 août 1815 a admis au contraire qu'il n'y avait pas lieu d'annuler une transaction pour inobservation des formes prescrites par l'article 467; la Cour déclarait seulement cette transaction annulable au cas où une lésion considérable serait prouvée Cette décision est, selon nous, inadmissible, car elle constitue une véritable violation de l'article 467.

95. *Du mineur qui a ses père et mère.* — Dans notre ancienne jurisprudence, le père devait obtenir l'autorisation de justice pour transiger au nom de ses enfants mineurs, et en présence du silence du Code à cet égard, il est permis de conclure que le père qui a l'administration légale des biens de ses enfants ne peut transiger sur les droits qui leur appartiennent qu'en se conformant à l'article 467 (*contra* Montpellier, 30 mars 1859). Seulement nous croyons, conformément à la jurisprudence du tribunal civil de la Seine

(M. Bertin, Chamb. du Cons., t. I, n° 613. — *Sic* M. Marcadé, append. aux art 371, s., p. 158, s.), qu'il n'y a pas ici à obtenir l'autorisation d'un conseil de famille et que la justice peut autoriser directement le père quand la transaction lui paraît opportune. Le jugement ainsi rendu par la Chambre du conseil serait susceptible d'appel (Agen, 18 déc. 1856).

96. *Du mineur émancipé.* — Aux termes de l'article 484 du Code civil, le mineur émancipé peut faire seul tous les actes de pure administration. On en a conclu, en s'appuyant sur l'exposé des motifs de notre titre qui est formel en ce sens, qu'il pouvait valablement transiger dans la limite de ces mêmes actes sans l'assistance de son curateur (Fenet, t. XV, p. 104. — MM. Troplong, n° 45, — Duranton, t. XVIII, n° 109). Pour nous, il nous paraît impossible d'adopter cette solution. Peu importe en effet que la transaction intervienne sur un acte d'administration ou sur un acte d'un autre genre, elle est dans tous les cas un acte de disposition et tombe par conséquent sous l'application de l'article 484, qui assujettit le mineur émancipé aux formes prescrites au tuteur pour tous les actes autres que ceux de pure administration. Or il résulte de l'article 467 que le tuteur ne peut transiger sur ces actes (*contra* Riom, 3 févr. 1815. — Aix, 20 févr. 1832). Il en sera de même du mineur émancipé, car si sa capacité d'administrer n'est pas plus étendue que ne l'est le pouvoir du tuteur, pourquoi en se-

rait-il autrement quand il s'agit de transiger?

De même le mineur émancipé ne peut faire une transaction sur un capital mobilier avec la seule assistance de son curateur, puisqu'il n'a pas la libre disposition de ce capital : d'après l'article 482 en effet, le curateur doit en surveiller l'emploi. Il en résulte évidemment que le mineur ne peut aliéner ce capital, il peut simplement en donner décharge. Comment d'ailleurs se contenter de l'assistance du curateur pour opérer une transaction dont les conséquences peuvent être si graves pour le mineur émancipé, en présence de la loi du 24 mars 1806 (art. 3) qui requiert l'avis du conseil de famille pour opérer le transfert d'une inscription de rente de plus de cinquante francs, et cela que le mineur créancier soit émancipé ou non?

Le mineur émancipé devra donc dans tous les cas se conformer à l'article 467; seulement, à la différence du mineur en tutelle, il agira lui-même au lieu d'être représenté. S'il transige sans observer les formalités prescrites par cet article, il pourra toujours opposer la nullité de la transaction.

Le mineur émancipé ne peut transiger sur le compte de tutelle qu'en se conformant aux dispositions combinées des articles 467, 472 et 480 du Code civil. C'est ce qu'a jugé la Cour de Rennes le 24 août 1819.

97. *Du mineur émancipé commerçant.* — Le mineur émancipé régulièrement autorisé à faire

le commerce est réputé majeur pour tous les faits relatifs à ce commerce (art. 487 C. civ. — Art. 2 C. com). Il pourra donc sans nul doute transiger valablement sur toutes les difficultés relatives à ses affaires commerciales. Cependant, dans le cas où la transaction devrait le dépouiller d'un immeuble, elle ne pourrait être valable qu'autant qu'il se serait conformé aux formalités prescrites par l'article 467. Cette restriction à la règle résulte de l'article 6 du Code de commerce qui permet bien à l'émancipé commerçant d'engager et d'hypothéquer ses immeubles, mais qui lui défend de les aliéner.

98. *Du mineur devenu majeur.* — Dans notre ancien droit, la transaction conclue entre le tuteur et l'ex-pupille devenu majeur sur le compte de tutelle, *non visis nec dispunctis rationibus*, était nulle (Despeisses, des contr , part. I, tit. XVI, sect. 7. Pothier. Tr. des pers. et des ch., Ire part., tit. VI, sect. IV, art. 6). L'ex-mineur n'était pas obligé par cette transaction Seulement la jurisprudence n'était pas d'accord sur la fixation du délai pendant lequel il pouvait en demander la nullité. Le Parlement de Paris appliquait généralement ici les ordonnances de Louis XII, de juin 1510 (art. 46), de François Ier, de septembre 1535 (ch. VIII, art. 30) et d'août 1539 (art. 134), et accordait dix ans à l'ex-mineur pour attaquer la transaction. Le Parlement de Toulouse, au contraire, lui accordait trente ans pour intenter son action.

99. Dans notre droit actuel, l'art. 472 du Code civil porte que « tout traité qui pourra intervenir » entre le tuteur et le mineur devenu majeur sera » nul s'il n'a été précédé de la reddition d'un » compte détaillé et de la remise des pièces jus- » tificatives ; le tout constaté par un récépissé » de l'oyant compte dix jours au moins avant le » traité. » La loi craint que le mineur devenu majeur et pressé de disposer de sa fortune à son gré n'accepte trop facilement, et peut-être même au prix de sacrifices onéreux, les comptes de son tuteur ; elle craint aussi l'influence de celui-ci sur son ancien pupille, et se méfie d'une gestion qui s'abrite sous une transaction peu sérieuse. Peu importe du reste que la transaction comprenne tout ou partie des droits du pupille, dans tous les cas elle sera nulle si les prescriptions de la loi n'ont pas été suivies (Cass., 5 juin 1850).

100. L'art. 472 doit-il s'appliquer aux transactions étrangères au compte de tutelle? L'art. 517 de la coutume de Bretagne défendait aux tuteurs de contracter avec leurs mineurs « jusqu'à » ce qu'ils aient tenu et rendu compte et res- » saisi ceux dont ils ont eu la garde de leurs » biens, titres et enseignements. » Mais cette disposition de la coutume de Bretagne était exceptionnelle, et il était généralement admis dans notre ancienne jurisprudence que la prohibition de contracter était restreinte au *faict et administration* des biens des pupilles. (Basnage, cout. de Normandie, art. 235. Argou, Instit. du dr.

franç., l. I, tit. 8. Ferrières, Tr. des tut., part. IV, sect. 17). Il doit en être de même aujourd'hui car, comme l'a fait observer M. Bigot-Préameneu au Corps législatif, le Code a entendu maintenir l'ancien droit (Fenet, t. XV, p, 104). Cela résulte d'ailleurs clairement des termes mêmes de l'art. 2045 qui ne parle que des transactions « sur le compte de tutelle. » Telle est l'opinion généralement admise par la jurisprudence comme par la doctrine (Cass., 7 août 1810. — 14 déc. 1818. — 22 mai 1822. — 1er juin 1847. — 5 juin 1850. — Paris, 5 janv. 1820. — Nîmes, 15 mars 1816. — 23 juin 1851. — *Contra*, Paris, 2 août 1811. — Riom, 26 août 1816. — Nîmes, 2 juin 1830).

101. Si la transaction sur les comptes de tutelle avait lieu contrairement aux dispositions de l'art. 472, elle serait annulable dans l'intérêt du mineur sans qu'il eût à prouver la lésion. Son action en nullité, conformément à l'art. 1304 du Code civil, devrait durer dix ans à dater du jour de la transaction ; mais en réalité elle ne pourra être exercée efficacement que tant que l'action en reddition de compte pourra elle-même être intentée, c'est-à-dire pendant les dix ans à dater de la majorité, car une fois cette dernière action prescrite, le tuteur ne peut plus être soumis à aucune poursuite au sujet de sa gestion (M. Valette, explic. somm. du liv. I du C. civ., p. 300).

§ II. — *Des interdits.*

102. Il y a deux classes d'interdits : l'une comprend les personnes dans un état habituel d'imbécillité, de démence ou de fureur dont l'interdiction est prononcée par les tribunaux civils (art. 489 et 492 C. civ.). L'autre classe renferme les individus atteints de cette incapacité en vertu de l'art. 29 du Code pénal. L'interdiction est alors encourue en vertu de la loi elle-même comme conséquence de la condamnation.

103. *De l'interdit judiciairement.* — Dans notre ancien droit, la transaction faite par l'interdit était nulle ; mais son curateur pouvait transiger valablement en son nom sous les mêmes conditions que le tuteur au nom du mineur (Domat, L. civ., liv. II, tit. II, sect. II, § 3. — Pothier, Tr. des pers. et des ch., Ire part., tit. VI, sect. V, art. 1).

Aujourd'hui encore l'interdit ne peut transiger valablement par lui-même (art. 502 C. civ.). Il est assimilé au mineur en tutelle (art. 509), et nous lui appliquerons tout ce que nous avons dit de ce dernier.

Si la transaction a été conclue avant le jugement d'interdiction, elle pourra être annulée si la cause de l'interdiction, c'est-à-dire l'état habituel d'insanité d'esprit, existait notoirement à l'époque où elle a été faite, et cette nullité pourrait être invoquée aussi bien du vivant qu'après la mort de l'incapable (art 503 et 504).

Si la personne qui a transigé est morte sans que son interdiction ait été prononcée ou même provoquée, la transaction pourra néanmoins être annulée s'il résulte de ses clauses mêmes qu'au moment où elle contractait, cette personne avait perdu l'usage de ses facultés intellectuelles (art. 504).

104. D'après la loi du 30 juin 1838 (art. 39), la transaction faite par une personne placée dans un établissement d'aliénés, pendant le temps qu'elle y aura été retenue, pourra être attaquée pour cause de démence, quand même l'interdiction de cette personne n'aurait été ni prononcée, ni poursuivie.

Dans ces différentes hypothèses, le tribunal conserve un pouvoir d'appréciation en vertu duquel il peut annuler ou valider la transaction suivant les circonstances. Les personnes contre qui la rescision sera prononcée n'auront pas à s'en plaindre, elles connaissaient ou devaient connaître la situation de leur cocontractant.

105. Dans tous ces cas, comme lorsque la transaction a été faite par un interdit, on appliquera les articles 1125, 1304 et 1338 du Code civil. La nullité est purement relative et la personne incapable peut seule s'en prévaloir ou ratifier la transaction expressément ou tacitement lorsqu'elle a recouvré sa capacité.

106. *De l'interdit légalement.* — L'interdiction

légale produit en général les mêmes effets que l'interdiction judiciaire. Le tuteur de l'interdit légalement devra donc observer les formalités de l'article 467, et si l'interdit transige seul, la transaction faite par lui sera frappée de nullité.

Seulement ici, à la différence de ce qui a lieu en cas d'interdiction judiciaire, la nullité est absolue, car elle est fondée sur un intérêt d'ordre public. Elle pourra donc être invoquée non-seulement par l'interdit et ses représentants, mais encore par les tiers qui ont transigé avec lui, et cela sans qu'il y ait à distinguer s'ils ont ou non connu son interdiction, car le but que se propose la loi est de ne point laisser au condamné des ressources pécuniaires dont il pourrait se servir pour adoucir son sort ou faciliter son évasion et, comme on l'a fait justement remarquer, ce but sera d'autant plus sûrement atteint que la nullité de l'acte sera plus certaine. Nous pensons même que l'interdit ne pourra pas être admis à se prévaloir de son incapacité lorsqu'il aura trompé sur sa position les tiers qui ont transigé avec lui. Le dol qu'il a commis dans ce cas le rendrait passible des dommages que la nullité ferait éprouver à ceux qu'il a trompés; or, à quoi bon, a-t-on dit, causer un dommage qu'il faudrait ensuite réparer? Il est bien plus naturel de ne point le causer, et par suite de respecter le contrat (MM. Valette, *sur* Proudhon, t. II, p. 557. — Demolombe, t. I, n° 193. —

Trébutien, *Cours de dr. crim.*, t. I, p. 244).

107. La loi du 31 mai 1854 autorise le gouvernement à accorder au condamné à une peine afflictive perpétuelle « l'exercice, dans le lieu » d'exécution de la peine, des droits civils ou de » quelques-uns de ces droits dont il a été privé » par son état d'interdiction légale » (art. 4). Le condamné ainsi relevé de son incapacité pourra faire une transaction valable, pourvu toutefois qu'elle ne porte pas sur les biens qu'il possédait au jour de sa condamnation ou qui lui sont échus à titre gratuit depuis cette époque (art. 4 *in fine*).

108. Quant aux condamnés aux travaux forcés à temps, comme ils peuvent être autorisés, en vertu de l'article 12 de la loi du 30 mai 1854, à disposer de tout ou partie des biens qu'ils possédaient avant leur condamnation, ils pourront valablement transiger sur ces mêmes biens.

109. L'interdiction légale ne frappe point le condamné par contumace. C'est là une faveur regrettable, un encouragement au contumax dans sa rébellion contre la loi, et le séquestre que l'article 471 du Code d'instruction criminelle met sur ses biens pendant la durée de sa contumace n'y supplée pas suffisamment.

Il perd à la vérité la gestion de ses biens qui passe à l'administration des domaines, mais l'exercice de ses droits ne lui est pas enlevé et les actes qu'il passe sont valables; seulement on ne peut les exécuter sur les biens séquestrés qu'après que le séquestre a cessé, c'est-à-dire qu'après la purge de la contumace.

§ III. — *Des personnes pourvues d'un conseil judiciaire.*

110. Les personnes à qui le tribunal a donné un conseil judiciaire à cause de leur faiblesse d'esprit ou de leur prodigalité (art. 499 et 513 C. civ.) ne peuvent valablement transiger sans l'assistance de leur conseil. La transaction qu'elles auraient faite sans cette assistance serait annulable, et la nullité étant établie dans leur intérêt, elles seules auraient le droit de l'invoquer sans avoir besoin de justifier d'aucune lésion (art. 502).

§ IV. — *Des femmes mariées.*

111. La femme mariée ne peut, en principe, faire aucun acte sans le consentement de son mari; ou, à défaut, sans l'autorisation de justice (art. 217 et 219 C. civ.).

112. Mais la femme séparée de biens peut, aux termes de l'article 1449 (2e alinéa), disposer de son mobilier et l'aliéner. On en a conclu qu'elle pouvait transiger sur ce même mobilier sans autorisation (MM. Marbeau, n° 94. — Duranton, n° 409. — Troplong, n° 51). La négative nous semble préférable. D'abord, nous

le savons, la capacité de disposer n'implique nullement celle de transiger. De plus la loi n'a entendu accorder à la femme séparée judiciairement ou conventionnellement que le droit de faire des actes qui ne dépassent pas la limite d'une très-large administration. Or, comme la transaction constitue toujours et essentiellement un acte de disposition, la femme, même séparée, ne pourra transiger qu'en se conformant à l'article 217 du Code civil (M. Accarias, *Étude sur la trans.*, n° 111).

113. La femme mariée sous le régime dotal ne peut, même avec l'autorisation de son mari, abandonner par transaction des biens que la loi déclare inaliénables, et lors même que l'aliénation de ces biens eût été permise en vertu de l'article 1557 du Code civil, il a été jugé qu'ils ne pourraient non plus faire l'objet d'une transaction si l'aliénation était soumise à une condition, par exemple, à celle de remploi (Bordeaux, 17 déc. 1841).

114. Quant à la femme commerçante, elle peut, sans l'autorisation de son mari, transiger sur toutes les difficultés relatives à son commerce; mais, bien qu'elle puisse seule engager, hypothéquer et aliéner ses immeubles non dotaux (art. 7 C. comm.), elle ne pourrait, sans autorisation, transiger valablement à leur sujet. « En effet, dit M. Accarias (*loc. cit.*), « ce ne serait » plus là une opération directement relative à » son commerce; et s'il est raisonnable de lui

» permettre l'aliénation et l'hypothèque, afin » qu'elle ait entre les mains un instrument de » crédit et un moyen sûr de se procurer de l'ar- » gent. ces motifs ne se rencontrent plus quand » il s'agit de transiger. »

115. La transaction est-elle permise entre époux? En droit romain, ce contrat comme tout autre contrat entre les conjoints, eût été valable à la seule condition de ne renfermer aucun avantage indirect (Pothier, Donat. entre mari et fem., n° 78). Dans nos anciennes coutumes, au contraire, la transaction entre les conjoints était toujours sans valeur. « Gens mariés, dit la cou- » tume de Normandie (ch. XV, art. 410), ne » peuvent céder, donner ou transporter l'un à » l'autre quelque chose que ce soit, ni faire » contrats ou confessions par lesquels les biens » de l'un viennent à l'autre en tout ou partie. » « Gens mariés, dit également la coutume de » Nivernais (ch. XXIII, art. 27), constant leur » mariage ne peuvent contracter au profit l'un » de l'autre. » Et Dumoulin généralisant ce principe, pose, dans son commentaire sur l'ancienne coutume de Paris (art. 256), la règle suivante : « *Nullum contractum etiam reciprocum* » *facere possunt* (*vir et uxor*), *nisi ex neces-* » *sitate*. »

Le Code civil n'a pas reproduit cette prohibition générale du droit coutumier. Il a bien défendu, du moins en principe, le contrat de vente entre époux (art. 1595), mais il ne leur interdit nulle part le droit de transiger ensemble. On a soutenu cependant qu'il fallait appliquer à la transaction ce que la loi avait décidé pour la vente, et que toute transaction entre époux serait nulle si elle intervenait en dehors des trois cas exceptionnels où la vente elle-même est autorisée par l'art. 1595. La transaction, dit-on, peut, plus aisément encore que la vente, dissimuler une libéralité, et elle se prête davantage à l'influence abusive de l'un des époux sur l'autre. Sans doute ces inconvénients sont à craindre, mais ils sont considérablement atténués par les avantages qu'offre ici la transaction en faisant disparaître entre personnes destinées à vivre toujours ensemble des causes de discorde bien plus funestes encore entre elles qu'entre personnes étrangères l'une à l'autre. Mais la raison décisive qui nous fait admettre la validité de cette transaction, c'est qu'on ne saurait, en présence des art. 902 et 1123 du Code civil, créer une incapacité sans un texte formel. L'art. 1595 est une disposition rigoureuse spéciale à la vente, on ne saurait, sans tomber dans l'arbitraire, l'étendre à la transaction. On objecte que l'art. 2045 exige pour transiger la capacité de disposer à titre onéreux; mais, selon nous, c'est de la capacité absolue et non de la capacité relative qu'entend parler cet article, et ce serait violer la règle de l'art. 1124 que de s'appuyer sur l'interdiction d'un acte particulier d'aliénation pour prohiber tous autres actes tendant à ce but. Ceux à qui la loi interdit certains contrats conservent néanmoins leur capacité générale; c'est ce qui doit avoir lieu ici. La transaction sera donc valable entre époux sauf, bien entendu, les droits des héritiers s'il y a avantage indirect (M. Duverger, *à son cours*. — *Contrà* MM. Marbeau, n° 101. — Troplong, n° 53).

§ V. — *Du failli.*

116. La transaction faite par le failli antérieurement à la cessation de ses payements demeure sous l'empire du droit commun et ne peut être attaquée par ses créanciers que dans le cas prévu par l'art. 1167 du Code civil. Si la transaction a été conclue depuis la cessation des payements, le tribunal de commerce peut l'annuler à l'égard de la masse des créanciers en cas de mauvaise foi du tiers cotransigeant (art. 447 C. comm.). Enfin, lorsque la transaction a eu lieu après le jugement déclaratif, elle est complétement nulle à l'égard de la masse par l'effet du dessaisissement que ce jugement emporte de plein droit (art. 443 C. comm.).

117. Les syndics d'une faillite, incapables d'aliéner, ne pouvaient non plus, sous l'empire du Code de commerce de 1807, faire une transaction valable à l'égard de la masse. C'était là une lacune regrettable, car pour opérer les recouvrements avec moins de frais et plus de célérité, il est souvent utile de recourir à des trans-

actions. Aussi la loi du 28 mai 1838 accorda-t-elle aux syndics le pouvoir de transiger sur toutes les contestations qui intéressent la masse avec l'autorisation du juge-commissaire, et le failli dûment appelé. Toutefois, lorsque l'objet de la transaction sera d'une valeur indéterminée ou excédant trois cents francs, la transaction ne sera obligatoire qu'après l'homologation du tribunal compétent pour connaître de la contestation. Le failli sera appelé à l'homologation et aura dans tous les cas la faculté de s'y opposer. Son opposition suffira même pour empêcher la transaction si elle a pour objet des droits immobiliers (art. 487 C. comm.). Cette restriction est mise au pouvoir de transiger accordé aux syndics parce qu'on est encore dans la période de la faillite qui précède le concordat et « qu'il » ne faut pas, a dit le rapporteur de la loi, dé- » pouiller le failli de la propriété de ses im- » meubles quand on ne sait pas encore s'il sera » remis ou non à la tête de ses affaires. »

S'il n'intervient pas de concordat, c'est-à-dire sous le régime de l'union, les syndics peuvent, dit l'art. 535 du Code de commerce, transiger sur toute espèce de droit appartenant au failli en se conformant aux règles prescrites par l'art. 487, et le tribunal pourra donner son homologation nonobstant l'opposition du failli, même en matière immobilière.

118. Les syndics ne peuvent transiger avec le failli ; quant aux créanciers, ils ont personnelle-

ment la faculté de transiger avec lui, mais cette transaction ne peut lier que ceux-là seuls qui l'ont consentie, elle est sans effet à l'égard de la masse (Paris, 2 juill. 1840).

Les syndics ne peuvent transiger que sur les droits pécuniaires du failli. La transaction faite par eux sur des droits attachés à sa personne serait sans effet, à moins que ces droits n'entraînassent un émolument pécuniaire sur lequel porterait la transaction (Amiens, 6 janv. 1842).

§ VI. — *Des mandataires et des représentants légaux et judiciaires.*

119. La question de savoir si le mandat général d'administrer tous les biens comprenait la faculté de transiger était controversée dans notre ancien droit. Pothier (*Tr. du mand.*, n° 157) admettait la négative; seulement il tenait pour valable la transaction faite par le mandataire *omnium bonorum* quand le mandant se trouvait en pays trop éloigné pour qu'il fût possible de le consulter et quand la transaction était conforme à la prudence et aux règles d'une bonne administration. Le Code civil a écarté cette distinction de Pothier en décidant formellement que le mandat conçu en termes généraux ne comprenait pas le pouvoir de faire des actes de disposition (art. 1988). Tel est le principe général; examinons les divers cas auxquels il s'applique.

120. *Gérant d'une société.* — Pothier (de la

soc., n° 68), s'inspirant de la loi 60 D. *de procuratoribus*, décidait que l'associé administrateur n'avait pas le pouvoir de transiger sur les difficultés relatives aux affaires de la société sans l'avis de ses associés. Aujourd'hui, nous dirons que l'associé administrateur ne peut transiger sans un pouvoir exprès que sur les objets dont il lui est spécialement permis de disposer autrement qu'en sa simple qualité d'administrateur. Quant au liquidateur d'une société dissoute, s'il n'a pas reçu le pouvoir d'aliéner, il ne pourra faire une transaction (Cass., 15 janv. 1812. — Paris, 18 juin 1828).

121. *Envoyés en possession provisoire.* — Les envoyés en possession provisoire des biens d'un absent déclaré n'étant, suivant l'article 125 du Code civil, que les dépositaires, ou pour mieux dire les administrateurs salariés des biens de l'absent, ne pourraient pas plus que les personnes désignées par le tribunal pour administrer les biens d'un présumé absent (art. 112 C. civ.) conclure une transaction valable, même sur ses droits mobiliers, eussent-ils accompli pour faire ce contrat les formalités exigées pour les transactions consenties par le tuteur.

122. *Héritier bénéficiaire.* — L'héritier bénéficiaire qui transige sur les actions dépendant de la succession est déchu du bénéfice d'inventaire (Bordeaux, 21 mars 1828. — Limoges, 10 mars 1836).

§ VII. — *Des communes, des départements et des établissements publics.*

123. *Communes.* — Dans notre ancien droit, les transactions des communes devaient être consenties par la majorité des habitants et effectuées par les échevins ou maires. Elles devaient en outre être homologuées par l'intendant de la province, et l'absence d'une de ces conditions pouvait les faire déclarer nulles.

Notre droit actuel a reproduit les principes essentiels de l'ancien droit. Aujourd'hui encore la commune exprime sa volonté par l'organe des conseillers municipaux, ses délégués; le maire, son représentant légal, est chargé de l'exécution, et l'autorité supérieure intervient, à juste titre, pour donner ou refuser son homologation, car, comme le disait fort justement naguère M. Batbie à l'Assemblée nationale : « la commune repré-» sente non-seulement les personnes vivantes, » mais la série des générations, et ces généra-» tions qui se succèdent ont droit à être proté-» gées par la surveillance et le contrôle d'une » autorité supérieure. Là est la raison d'être de » ce qu'on a justement nommé la tutelle admi-» nistrative, car dans la commune il y a des » mineurs et aussi des ayants droit qui ne » sont pas encore nés » (*J. off.*, séance du 31 juill. 1871). Il importe donc que les conseillers municipaux ne puissent, guidés souvent par un intérêt personnel, diminuer ou même aliéner complètement le patrimoine de la commune. C'est à ce résultat funeste qu'aboutirent les lois de la Convention en relâchant à l'excès les liens de la vie communale, et c'est pour y remédier que l'arrêté du 21 frimaire an XII (art. 1 et 2) vint, mais trop tard, car déjà un grand nombre de communes avaient vu gaspiller leurs biens, imposer aux communes qui désirent transiger les formalités suivantes : 1° consultation de trois jurisconsultes désignés par le préfet, 2° autorisation du préfet donnée d'après l'avis du conseil de préfecture, 3° délibération du conseil municipal, 4° homologation par arrêté du gouvernement sur l'avis du Conseil d'Etat. L'article 2045 (3e al.) qui rappelle cet arrêté en reproduisant sa dernière disposition, exige l'autorisation du chef de l'Etat. Mais cette dernière condition, nécessaire pour rendre la transaction exécutoire (art. 20 L. 18 juill. 1837), était une cause de retard, et l'article 59 de cette loi ne la maintint que dans les cas où l'objet de la transaction était immobilier ou d'une valeur supérieure à trois mille francs. Dans les autres cas, l'arrêté du préfet en conseil de préfecture devait suffire. Le décret du 25 mars 1852 (art. 1er, tabl. A, n° 43) décida dans l'intérêt de la décentralisation que l'arrêté du préfet suffirait dans tous les cas pour rendre la transaction exécutoire.

Quant aux autres conditions exigées par l'arrêté de l'an XII, elles n'ont pas été abrogées par la loi de 1837 et le décret de 1852. (Décis. minist. 22 oct. 1839, — 26 mars 1841, — 5 mai 1852. — Arr. Cons. d'Et. 2 fév. et 12 juill. 1860.)

124. *Départements.* — D'après la loi du 10 mars 1838 (art. 4, n° 6), les transactions concernant les droits des départements étaient faites par le préfet, après délibération du conseil général. L'art. 38 de cette loi exigeait en outre l'autorisation du chef de l'État. Mais le décret du 25 mars 1852 (art. 1er, tabl. A, n° 6) décida que le préfet statuerait désormais sur cette matière, de sorte que l'approbation qu'il se donnait à lui-même suffisait pour valider la transaction. La loi du 23 mai 1866, dans son art. 1er, n° 14, dont la disposition est reproduite par l'art. 46, n° 17 de la loi organique départementale de 1871, a fait disparaître cette singularité en permettant aux conseils généraux de statuer définitivement sur les transactions qui intéressent les départements. La décision du conseil général sera exécutoire indépendamment de toute approbation de l'autorité supérieure, sauf le droit d'annulation conféré à celle-ci par l'art. 3 de la loi de 1866, en cas d'excès de pouvoir ou de violation d'une disposition de loi ou d'un règlement d'administration publique.

125. *Établissements publics.* — Les transactions qui intéressent les établissements publics sont faites par leurs administrateurs. Sous l'empire de l'art. 2045 du Code civil, la transaction ne pouvait avoir lieu qu'avec l'autorisation

expresse du chef de l'Etat; mais aujourd'hui, en vertu du décret du 23 mars 1852 (art. 1er, tabl. A, n° 33), l'approbation du préfet suffit.

126. Certains établissements publics sont en outre régis par des lois spéciales.

Ainsi, l'arrêté du 7 messidor an IX (art. 15) permet aux hospices de transiger par l'intermédiaire de leur comité consultatif. La transaction faite par ce comité peut recevoir son exécution provisoire même avant l'approbation du préfet qui statue dans ce cas sur la délibération du conseil municipal accompagnée de l'avis du sous-préfet.

La transaction qui intéresse une fabrique est conclue par le bureau des marguilliers sur une délibération conforme du conseil de fabrique (Décr. 30 déc. 1809, art. 12, n° 3, et art. 24).

Enfin, les établissements de charité, les bureaux de bienfaisance, les sociétés de secours mutuels déclarées d'utilité publique ou simplement approuvées, les administrations préposées à l'entretien des cultes dont les ministres sont salariés par l'Etat, ne peuvent être autorisés à transiger que sur l'avis du conseil municipal. Cet avis, nonobstant la généralité des termes de l'art. 21 de la loi de 1837, n'est nécessaire que pour ceux de ces établissements qui ont un caractère communal. Du reste il ne lie en rien l'administration supérieure, qui conserve une entière liberté de décision.

127. D'après l'article 87 du projet de loi organique départementale présenté à l'Assemblée

nationale dans la session de 1871, les attributions confiées au préfet seul ou au préfet en conseil de préfecture à l'égard des communes, des établissements de bienfaisance, des fabriques et des consistoires en ce qui touche les transactions, devaient être exercées à partir du 1er, janvier 1872 (art. 95) par les commissions départementales instituées par cette loi. Les décisions prises à cet égard par ces commissions devaient être communiquées aux conseils municipaux ou aux autres parties intéressées et au préfet qui pouvaient les frapper d'appel devant le conseil général pour cause d'inopportunité ou de fausse appréciation des faits. Elles pouvaient aussi être déférées au Conseil d'État pour cause d'excès de pouvoir, ou de violation de la loi ou d'un règlement d'administration publique (art. 90). Mais cette innovation n'a point passé dans la loi. L'article 87 avec les dispositions qui s'y rattachent, adopté d'abord non sans contestations, fut supprimé à la troisième délibération (*J. off.*, séance du 10 août 1871). On a craint les conflits auxquels il pourrait donner lieu entre les préfets et les commissions départementales; on a craint aussi d'affaiblir outre mesure le pouvoir central.

128. Lorsque les transactions conclues par les communes, les départements ou les établissements publics l'ont été sans l'accomplissement des formalités prescrites, la rescision peut en être demandée par ces diverses personnes morales. Mais quand elles ont transigé en observant

toutes ces formes, la rescision même pour lésion ne serait pas recevable.

120. S'il s'élève des difficultés sur la validité ou l'interprétation des transactions passées par les communes, les départements ou les établissements publics, ce sont les tribunaux de l'ordre judiciaire et non les tribunaux administratifs qui sont compétents pour en connaître (Décr. 2 janvier 1812).

CHAPITRE IV.

DE L'OBJET DE LA TRANSACTION.

130. La transaction, comme toute autre convention, ne peut intervenir sur les matières intéressant l'ordre public et les bonnes mœurs; elle ne s'applique qu'aux objets qui sont dans le commerce et dont on a la libre disposition, autrement dit, aux objets d'intérêt privé.

Tels sont les principes résultant des articles 6 et 1128 du Code civil, principes que l'art. 2045 confirme spécialement en notre matière lorsqu'il déclare que pour transiger il faut avoir la capacité de disposer des objets compris dans la transaction. Ce contrat ne s'applique donc qu'aux choses dont on peut disposer soit par voie d'aliénation, soit par voie de renonciation.

131. En conséquence de ces principes, ne sauraient servir de matière à une transaction ni les droits civils ni les droits politiques, car on ne peut se dépouiller par convention des droits que la qualité d'homme et de citoyen attache à la personne. Ainsi encore on ne pourrait par transaction valider des conventions sur succession

future (art. 1130 C. civ.) ou constitutives pour l'avenir d'intérêts usuraires (Cass., 22 juin 1830). On ne pourrait non plus transiger sur des prescriptions non acquises (art. 2220 C. civ.), sur un traité secret relatif à une cession d'office (L. 28 avril 1816, art. 91. — Cass., 7 juillet 1841, — 20 juin 1848, — 5 nov. 1856). Enfin serait pareillement nulle la transaction qui dérogerait à l'ordre des juridictions quand il s'agit d'incompétence *ratione materiæ* (art. 170 C. pr.), celle qui aurait pour objet des céréales en vert ou des fruits pendants par racines (Décr. 6 messid. an III) et celle qui porterait sur des objets saisis, sans qu'il y ait à distinguer si elle maintient ou non en possession le propriétaire débiteur saisi (art. 686 C. pr. et art. 2045 C. civ. combin.).

132. En dehors de ces cas où l'impossibilité de transiger existe incontestablement, il en est certains autres qui exigent quelques observations et que nous allons examiner spécialement.

§ I. — *Etat des personnes.*

133. « L'état d'une personne, » dit M. Demolombe, « n'est pas dans le commerce : il forme » l'un des éléments les plus essentiels du droit » public, et c'est par les considérations les plus » élevées dans l'intérêt de l'ordre social que la » loi elle-même l'a souverainement réglé. Donc, » la convention qui porte sur l'état même d'une » personne manque d'objet et blesse l'ordre pu- » blic. » (T. V, n° 333.)

134. On ne peut donc transiger sur sa nationalité, sur sa filiation, sur sa qualité d'époux, non plus que sur la puissance paternelle ou maritale. Conformément à ces principes, la Cour de Rennes a décidé par arrêt du 12 février 1824 qu'en matière de nationalité nul n'est présumé abandonner la qualité de Français ni admis à transiger à cet égard.

135. Quant aux transactions sur l'état civil des personnes, la jurisprudence de la Cour de cassation tient leur nullité pour certaine comme étant d'ordre public, et cela sans qu'il y ait à distinguer si la transaction contient confirmation de l'état existant ou renonciation à cet état. La Cour n'a jamais eu, à la vérité, à statuer que sur des transactions tendant à consolider un état antérieur, mais les motifs de ses décisions ont un caractère absolu qui ne laisse aucun doute sur leur application au cas inverse. « L'état, » dit la Cour suprême dans son arrêt du 12 juin 1838, « l'état n'étant ni dans le commerce, ni à la » libre disposition de celui à la personne duquel » il s'identifie, ne peut faire la matière ni d'une » convention, ni d'une transaction. » (*Sic* Cass., 27 févr. 1839. — Req., 3 juill. 1844, 24 juill. 1835. — 22 avril 1840. — 28 nov. 1849. — 9 mai 1864.)

136. Cette doctrine absolue a été contestée, et M. Troplong (n° 63) soutient qu'une distinction doit être faite : « Ou la transaction, dit-il, » est favorable à l'état de la personne, et alors » elle est valable, ou elle tend à le détruire, elle

» ne saurait subsister. Telle est la règle. » Et pour soutenir cette prétendue règle, M. Troplong (n° 65) s'appuie sur les lois romaines et en particulier sur cette constitution de l'empereur Anastase que nous avons analysée en étudiant la L. 43 C., *de transact*. Mais c'est là, selon nous, une interprétation beaucoup trop large de ces textes qui, nous l'avons vu, n'offrent rien de positif en ce sens. M. Troplong nous dit encore à l'appui de son opinion (n° 66) que si celui qui a un état ne peut en faire le sacrifice et peut toujours le réclamer, il est permis de s'engager à reconnaître l'état prétendu par une autre personne, et de s'interdire de l'attaquer. Evidemment cela est permis; mais peut-on voir là une transaction? Nous ne le pensons pas. En effet, si la personne qui s'est engagée moyennant un prix à reconnaître l'état d'une autre tenait cet état pour sérieusement contestable, cette promesse, faite en retour d'un engagement pécuniaire sans valeur puisqu'il s'applique à une chose inappréciable en argent, serait nulle faute de cause. Si au contraire il n'y a pas d'incertitude sur l'état réclamé, il y a alors une reconnaissance valable, mais il n'y a pas de transaction car il n'y a pas de *res dubia*, et ici encore la stipulation d'un prix serait frappée de nullité comme immorale.

La doctrine de M. Troplong renferme d'ailleurs en elle-même une contradiction flagrante en n'admettant pas qu'on renonce à son état et en autorisant la reconnaissance de l'état réclamé.

En effet, dans toutes les hypothèses où la transaction a pour but de reconnaître un état réclamé, elle aboutit toujours, de la part de celui qui obtient cette reconnaissance, à une renonciation à l'état qu'il tient de la loi, état que la volonté des parties ne peut jamais modifier que suivant les formes expressément autorisées par la loi elle-même. Et si, comme le dit justement M. Troplong (n° 64), l'état est l'œuvre de la loi, si la volonté des parties ne suffit pas pour l'anéantir, pourquoi pourrait-elle le créer? Une semblable transaction viole donc un principe posé par M. Troplong lui-même, et cela afin de rester fidèle à un autre principe également posé par lui, puisque, forcément, elle contient à la fois et reconnaissance et renonciation. On peut donc dire avec raison que cette doctrine aboutit à une contradiction.

Enfin, comme la transaction ne peut évidemment avoir qu'un effet relatif, elle aboutirait à ceci, que l'état, de sa nature essentiellement indivisible, pourrait être dénié par une personne intéressée après avoir été reconnu pour certain par une autre, résultat bizarre que les principes nous obligent bien à admettre en matière de chose jugée, mais que ne saurait produire une simple convention.

137. Quant aux transactions intervenues sur un mariage, il est bien certain que l'union valablement contractée ne peut être dissoute par une transaction et ne pourrait même être affaiblie

par un acte de ce genre. Aussi n'aurait-on nul égard à la transaction par laquelle les époux stipuleraient leur séparation de corps, puisque toute séparation volontaire est nulle (art. 307 et 1443 C. civ.). Telle était déjà la doctrine admise par notre ancienne jurisprudence, comme le constate un arrêt du Parlement de Paris du 3 février 1601.

En ce qui touche les nullités de mariage, M. Troplong (n° 80, s.) fait une distinction. Selon lui, si aucun acte de célébration n'est représenté, la transaction par laquelle un homme et une femme consentent à se regarder comme époux est nulle. Que si le mariage existe, si un acte de célébration est représenté, alors une sous-distinction est nécessaire : ou l'acte de mariage constate la preuve « d'un de ces vices qui font » rougir la morale, » comme l'inceste, et alors la transaction pour valider le mariage sera nulle, ou bien il n'est entaché que « de vices qui ne » blessent en rien l'honnêteté, » comme ceux tenant au consentement, au défaut de publicité ou à une violation des formes requises, et alors la transaction sera valable. Cette doctrine en faveur de laquelle M. Troplong invoque les décisions du droit canonique et que la Cour de Bastia a adoptée sur les conclusions de M. Troplong lui-même, le 7 juillet 1823, ne nous semble pas mieux fondée que sa théorie sur les questions d'état, et nous la repousserons par les mêmes raisons. Nous ne ferons pas remarquer tout ce qu'il y a de vague dans cette distinction entre les vices qui font rougir la morale et ceux qui ne la font pas rougir, nous dirons seulement qu'elle n'est fondée sur aucun texte en vigueur. Jamais la loi ne permet aux époux de renoncer à l'action en nullité de mariage par un simple acte de leur volonté. En effet, le mariage est-il entaché du défaut de publicité, la possession d'état est indispensable pour le valider (art. 196 C. civ.). S'agit-il du mariage d'un impubère? Il est à l'abri de toute attaque après un laps de six mois depuis l'acquisition de la puberté (art. 185). Le consentement de l'un des époux a-t-il été vicié, la nullité ne sera couverte que par une cohabitation continue de six mois (art. 181). Enfin, le consentement des ascendants ou du conseil de famille leur a-t-il manqué, ils devront obtenir la ratification du tiers à qui l'action est accordée, ou attendre qu'il se soit écoulé un an depuis que l'époux a atteint l'âge compétent pour consentir lui-même au mariage (art. 183). Et qu'on ne dise pas ici que la personne dont le consentement est nécessaire pourrait par une transaction renoncer valablement à son action en nullité! Nous ne saurions partager l'avis de M. Troplong (n° 76) qui ne voit rien « de plus respectable que cet acte de renon- » ciation à un droit extrême. » Sans doute cette renonciation, quand elle a lieu purement et simplement, peut être un acte aussi honorable que sage, mais elle prend un tout autre caractère quand elle fait l'objet d'un marché. L'immoralité d'une pareille convention serait bien plus grande encore si, comme dans l'espèce sur laquelle a été rendu l'arrêt de Bastia que nous citions tout à l'heure, elle était intervenue entre les époux eux-mêmes.

138. La transaction qui a pour objet les intérêts pécuniaires dérivant d'un état est valable pourvu que ces intérêts soient nés et actuels et que les parties en aient la libre disposition. C'est ainsi, nous l'avons dit, qu'on ne saurait faire une transaction sur succession future (req. 24 juill. 1835. — 29 mars 1852. — 9 mai 1855). Mais si la transaction, portant à la fois et sur l'état et sur les intérêts qui s'y rattachent, était conclue par un seul acte et pour un même prix, elle serait incontestablement nulle pour le tout, car elle est indivisible et ne peut être scindée (Grenoble, 18 janv. 1830. — Cass., 27 fév. 1839. — Req. 22 avril 1840). Nous dirons même avec MM. Aubry et Rau (n° 420), Demolombe (t. V, n° 317) et Troplong (n° 68), que toutes les parties d'une transaction s'enchaînant d'une manière inséparable, et ses diverses clauses étant intimement liées les unes aux autres, la transaction sera nulle dans toutes ses parties, alors même que des prix distincts auraient été stipulés pour la renonciation à l'état et pour la renonciation à l'intérêt pécuniaire qui s'y rattache, si ces conventions ont eu lieu dans le même acte (Caen, 11 mars 1844, *contra* Besançon, 27 février 1827).

§ II. — *Conventions matrimoniales.*

139. L'article 1395 du Code civil décide que les conventions matrimoniales ne peuvent recevoir aucun changement après la célébration du mariage. Il en résulte que pendant le mariage toute transaction est interdite aux époux sur l'interprétation à donner aux clauses de leur contrat. Mais une fois le mariage dissous, ou la séparation prononcée en justice, les parties ont pleine liberté pour transiger.

140. Notre ancienne jurisprudence permettait aux époux de transiger, soit quant aux actions immobilières dépendant de la dot, soit quant à la propriété des immeubles dotaux, lorsque la transaction n'emportait pas dépossession de l'immeuble litigieux. La Cour de Limoges, dans son arrêt du 10 mars 1836, a même été jusqu'à décider, par application de l'ancienne législation, que la transaction était valable lors même qu'elle dépouillait la femme de l'immeuble dotal, si elle était faite loyalement dans le but d'éteindre un procès qui pouvait induire dans des frais considérables, et dont l'issue était fort incertaine. (*Sic* Grenoble, 20 janv. 1803. — *Contra* Nîmes, 30 nov. 1830.)

Mais, bien loin d'admettre cette doctrine, nous ne croyons même pas, contrairement à l'avis de MM. Duranton (n° 407) et Aubry et Rau (n° 421, note 2), qu'il soit encore possible, en présence des articles 2045 et 1554 combinés, d'admettre la distinction que faisait notre ancien droit. Pour transiger, il faut avoir la capacité de disposer des objets sur lesquels porte la transaction. Or ne serait-il pas bizarre que le changement ou le maintien de la possession fût une considération suffisante pour décider de la validité de la transaction lorsque dans les deux cas elle a la même chose pour objet?

141. Si les époux remplissaient les formalités prescrites par l'article 467 du Code civil, le consentement de la femme remplaçant l'avis de la famille, on a soutenu que la transaction ainsi faite avec l'autorisation de justice devait être valable. « Quand les lois, » disent MM. Rodière et Pont (contr. de mar., II, n° 568), « autorisent à transiger non-seulement au nom des mineurs, mais » encore au nom des communes et des établissements publics, à la condition seulement d'observer certaines formalités, il serait étrange » que la dot des femmes mariées sous le régime » dotal fît seule exception à cette règle. » Mais ce système a le tort d'ajouter à la loi qui, après avoir posé formellement dans l'article 1554 le principe de l'inaliénabilité de l'immeuble dotal, n'y fait exception que dans les cas spéciaux prévus par les articles 1555 à 1558 où il n'est nullement question de transaction. La règle doit donc être rigoureusement maintenue (M. Tessier, Tr. de la dot, t. I, note 866).

142. La femme mariée sous le régime dotal

peut-elle quand elle y a été dûment autorisée, transiger à l'occasion du partage des biens dotaux? Dans notre ancien droit, la coutume d'Auvergne permettait à la femme dotale de transiger sur une action relative à des immeubles revendiqués comme dotaux et de céder une partie de ces immeubles pour avoir l'autre, surtout lorsque la convention avait lieu entre elle et un cohéritier. Doit-il en être de même aujourd'hui? L'effet déclaratif reconnu au partage par l'article 883 du Code civil, effet qui doit se produire non-seulement à l'égard des tiers, mais encore entre les cohéritiers, écarte toute idée de propriété déterminée antérieure et ne permet pas de désigner avant le partage ce qui dans la succession est ou n'est pas dotal. Aussi, la femme peut-elle quand elle y est autorisée procéder à un partage amiable, car si l'article 1558 proscrit la licitation, ce n'est que dans le cas où l'immeuble est reconnu impartageable, et il ne permet pas que cette licitation soit faite amiablement parce qu'elle n'est pas l'équivalent d'un partage, puisqu'elle doit faire attribuer le fonds entier à une seule personne. Si donc la femme peut procéder au partage amiable, elle peut transiger à l'occasion de ce partage. Telle est la jurisprudence adoptée par plusieurs arrêts et notamment par un arrêt de la Cour de Limoges du 8 juillet 1813, dans lequel il est dit fort justement que « les lois qui ont pour objet la con» servation des dots des femmes leur seraient

» préjudiciables si elles ne pouvaient transiger » en pareil cas, parce que les procès dans lesquels elles seraient obligées d'entrer tourneraient souvent à leur ruine, de manière que » ces lois, sous le prétexte d'assurer plus solidement les biens de la femme, les lui feraient » souvent perdre. » (*Sic* Riom, 6 juill. 1819. — Paris, 16 mai 1820. — Req., 9 mai 1837.)

§ III. — *Aliments*.

143. La créance d'aliments peut résulter soit de la parenté ou de l'alliance, soit de la volonté de l'homme.

144. Au premier cas, la loi détermine elle-même l'étendue de la dette (art. 205 à 211 C. civ.). La créance est alors une conséquence nécessaire de la parenté ou de l'alliance, et comme cette qualité elle-même, elle ne peut être répudiée; elle est donc inaliénable et imprescriptible, et la transaction dont elle serait l'objet ne pourrait faire obstacle à une réclamation ultérieure, à moins qu'elle ne portât sur des prestations échues. Ces prestations, comme le décidaient judicieusement les jurisconsultes romains, sont parfaitement cessibles puisque le créancier a pu s'en passer pour vivre, et que la loi, n'avait d'autre but que d'assurer son existence; il n'y a donc aucune raison pour lui enlever le bénéfice du droit commun (Paris, 7 floréal an XII. — Bruxelles, 17 juin 1807. —

Metz, 13 déc. 1822. — Req., 9 mars 1825. — Cass., 22 févr. 1831. — Aix, 8 janv. 1841. — Douai, 1er févr. 1843. — Bordeaux, 26 juill. 1855).

145. Lorsque les aliments sont dûs en vertu de la volonté de l'homme s'ils ont été constitués par contrat à titre onéreux, ils pourront incontestablement faire l'objet d'une transaction. Mais s'ils sont dus en vertu d'une donation entre-vifs ou d'un testament, alors les auteurs ne sont plus d'accord. Les uns prohibent la transaction d'une manière absolue; les autres ne l'admettent que si elle a été autorisée par la justice (MM. Marbeau, n° 112. — Aubry et Rau, t. III, §§ 339 et 420. — Duranton, n° 403. — *Sic* Nîmes, 18 déc. 1822). Nous pensons au contraire, avec la jurisprudence et nombre d'interprètes, que les aliments dus à titre gratuit peuvent, comme ceux dus à titre onéreux, faire l'objet d'une transaction (Cass., 31 mai 1826. — Req., 22 févr. 1831 et 1er avril 1844. — MM. Merlin, v° Trans., § 8. — Carré, art. 1004 C. pr. — Rigal, Tr. des trans., p. 85. — Troplong, n° 97. — Boitard, pr. civ., t. II, n° 1180). En effet, outre que nous ne trouvons dans nos lois aucune disposition reproduisant la prohibition que nous avons rencontrée en droit romain à propos des legs d'aliments, il est un point certain dans notre droit, c'est que les aliments dus par contrat, donation ou testament, sont cessibles: pourquoi donc, puisqu'ils peuvent faire l'objet d'une cession, ne feraient-ils pas aussi bien celui

d'une transaction? Ne serait-ce pas contraire à la disposition des articles 537, 544 et 2045 du Code civil? On objecte que l'article 581, n° 4, du Code de procédure déclare insaisissables les dons et legs d'aliments. Il faut remarquer seulement que cette disposition n'est absolue que vis-à-vis des créanciers antérieurs à la constitution de la pension (art. 582 C. pr.). C'est que le législateur n'a pas voulu que l'alimentaire pût être privé de sa pension sur la poursuite de créanciers qui n'ont pas dû compter sur cette ressource de leur débiteur. Du reste, quand même l'insaisissabilité serait absolue, il n'en résulterait pas que l'alimentaire ne pût librement disposer des aliments auxquels il a droit, car l'insaisissabilité n'entraîne pas fatalement avec elle l'incessibilité.

On invoque encore l'article 1004 du Code de procédure qui défend le compromis sur une question d'aliments. Mais cet article ne défend pas la transaction en semblable matière, pourquoi donc ne pas le restreindre à l'hypothèse spécialement prévue par lui? Cette extension se comprend d'autant moins que la transaction et le compromis, nous le savons, sont deux contrats fort différents. Aussi nous garderons-nous bien d'étendre des restrictions qui sont toujours de droit étroit.

§ IV. — *Crimes et délits.*

146. Le droit romain, nous l'avons vu, autorisait la transaction sur les crimes et délits privés et sur les crimes publics punis de la peine capitale, et cette transaction arrêtait l'accusation et la poursuite.

Dans notre ancien droit, jusqu'au XIII° siècle, l'accusation appartient toujours à la partie lésée, mais n'appartient qu'à elle; ce n'est plus l'accusation populaire de Rome où tout citoyen pouvait se porter accusateur. Toutefois, lorsque le crime était flagrant ou avoué par le coupable, le juge pouvait poursuivre d'office. Dans ce cas la transaction n'était pas permise, le juge n'avait pas le droit de transiger; mais elle était toujours possible lorsque les poursuites étaient intentées par la partie lésée.

Vers le XIII° siècle, l'accusation publique commence à remplacer l'accusation privée; les procureurs royaux interviennent d'office dans les procès criminels, la société vient, avec la partie privée, demander compte au coupable du préjudice qu'il lui a causé. Cependant, cette distinction entre la partie publique et la partie privée est longtemps encore plus théorique que pratique (Ayrault, *Inst. judic.*, II° part., liv. II, p. 195). De cette intervention de la société dans les poursuites criminelles, résulte la prohibition de transiger sur les crimes et délits. Cette transaction fut prohibée comme contraire à l'intérêt public; il ne fut plus permis de transiger que sur l'intérêt pécuniaire résultant du dommage causé. Cette jurisprudence se maintint, et bien qu'au XVIe siècle la partie civile ait encore, concurremment avec le ministère public, l'initiative de la poursuite, la transaction n'est permise que sur le dommage privé et ne peut jamais lier le procureur du roi (Despeisses, des crim., p. I, tit. I. — Charondas, Résolut., p. I, tit. XXI).

L'ordonnance d'août 1670 (tit. XXV, art. 19) prescrivit la poursuite des crimes capitaux malgré les transactions privées; mais elle permit de transiger sur les délits qui n'entraînaient pas une peine afflictive.

Tel était le dernier état de notre ancien droit. Le ministère public, chargé de poursuivre les crimes au nom de la société, n'a pas le droit de transiger. La partie civile au contraire, seule juge de ses intérêts, peut, par une transaction, renoncer à son action privée; elle ne peut arrêter l'action publique. Tels sont encore les principes qui régissent notre droit moderne.

147. Le délit, c'est-à-dire l'infraction quelconque à la loi pénale, qu'elle soit punie d'une peine criminelle, correctionnelle ou de simple police peu importe, le délit donne toujours ouverture à une action publique et souvent aussi à une action civile. Cette dernière est de droit privé, il est permis de transiger sur l'intérêt qui en résulte; l'autre appartient à l'ordre public,

ses effets ne peuvent jamais être arrêtés par une transaction. L'article 6 du Code civil établissait suffisamment cette règle; mais le législateur, craignant en notre matière l'influence des principes romains, a cru devoir poser d'une manière spéciale et précise la règle du droit français dans l'article 2046, où il est dit nettement qu'on peut transiger sur l'intérêt civil résultant d'un délit, mais que la transaction n'empêche pas la poursuite du ministère public.

148. La transaction sur l'action civile est parfaitement licite puisque cette action est dans le patrimoine de la personne lésée qui peut en disposer à son gré. Mais il est évident que cette règle ne s'applique qu'à l'action déjà née, car une transaction sur l'action à naître d'un délit futur serait nulle comme contraire à la morale et à l'ordre public. C'est ainsi qu'on pourra valablement transiger sur une action en restitution d'intérêts usuraires, mais que la transaction, si elle avait pour but de valider pour l'avenir un prêt usuraire, serait nulle comme contraire à une loi d'ordre public, la loi du 3 septembre 1807. Cette distinction entre la transaction *futuram usuram continens* et la transaction *in usuris prœteritis* admise par notre ancienne jurisprudence est encore adoptée aujourd'hui (Req., 22 juin 1830 et 22 janv. 1833. — Cass., 21 nov. 1832 et 9 févr. 1836).

149. La transaction consentie par la partie lésée ne peut en rien entraver l'action publique.

« La renonciation à l'action civile, dit l'article 4 » du Code d'instruction criminelle, ne peut ar- » rêter ni suspendre l'exercice de l'action publi- » que. » Ces deux actions sont toujours indépen dantes (Cass., 9 juin 1866). Cependant la loi a cru devoir, dans le cas d'une poursuite en faux incident civil, prendre une mesure particulière pour sauvegarder l'action publique. L'article 249 du Code de procédure, reproduisant l'article 52 du titre deuxième de l'ordonnance de juillet 1727 sur le faux, ne permet la transaction sur la pour- suite de ce crime qu'avec homologation du tri- bunal après communication au ministère public, lequel peut, à ce sujet, faire telles réquisitions qu'il juge à propos. La transaction ne peut être exécutée tant que ces formalités n'ont pas été remplies, mais elle n'en existe pas moins indé- pendamment de l'homologation, et nous pensons avec M. Mangin (De l'act. pub. et de l'act. civ. n° 30) que le ministère public n'a pas le droit de requérir, ni le tribunal celui d'ordonner que les parties seront tenues de continuer le procès civil Le seul but de l'article 249 est de laisser le champ libre aux investigations de la justice criminelle et d'empêcher les preuves du crime de disparaître par suite de l'exécution de la transaction.

150. Les principes que nous venons de cons- tater reçoivent cependant certaines exceptions qu'il importe de signaler.

Ainsi, à la différence du droit romain qui pro- hibait la transaction sur l'adultère, notre droit moderne la permet. Le mari seul peut dénoncer l'adultère de sa femme et il peut toujours en la reprenant arrêter l'effet de la condamnation si elle a été prononcée (art. 336, s. C. p, art. 309 C. civ.). Néanmoins, si l'adultère de la femme constituait un des attentats aux mœurs prévus par les articles 330, 331 et 332 du Code pénal, l'inaction du mari ne pourrait empêcher la poursuite du ministère public. Nos lois modernes n'ont fait que consacrer ici la doctrine admise dans notre ancien droit. « Parmi nous, dit Claude » Henrys (t. III, p. 750), les transactions sur » adultère sont valables; nous ne suivons pas » sur ce point les règles du droit civil .. Quand » une fois le mari s'est réconcilié avec sa femme, » il ne peut plus reprendre les poursuites par » lui commencées. »

Par exception encore, l'administration des eaux et forêts peut, en vertu de la loi du 18 juin 1859, modificative de l'article 159 du Code forestier, arrêter, en transigeant avant jugement définitif, les poursuites du ministère public contre les délits et contraventions en matière forestière commis dans les bois soumis au régime forestier. Mais après jugement définitif, la transaction ne peut porter que sur les peines et réparations pécuniaires.

L'administration des contributions indirectes peut aussi transiger sur l'action publique résultant des délits spéciaux dont la poursuite lui appartient (arrêté 14 thermid. an X, art. 1 et 2. —

Décr. 14 oct. 1810, art. 23 et 24. — Ordonn. 27 nov. 1816, art. 9).

L'administration des douanes a la même faculté (arrêté 5 germin. an XII, art. 23. — Ordonn. 3 janv. 1821, art. 10).

Enfin l'administration des postes peut aussi transiger sur les contraventions postales (ordonn. 19 févr. 1843. — Loi 4 juin 1859, art. 9 n° 2).

151. Il nous reste à nous demander si la transaction sur l'action civile pourra être considérée comme aveu du délit. Cette doctrine, admise en droit romain, avait été reproduite dans le projet de l'ordonnance de 1670. Mais M. Bigot-Préameneu nous apprend dans l'exposé des motifs de notre titre que cette disposition fut repoussée comme trop rigoureuse, et avec raison, car « un » innocent, dit-il, peut faire un sacrifice pécu- » niaire pour éviter l'humiliation d'une procé- » dure dans laquelle il serait obligé de se justi- » fier. » (Fenet, t. XV, p. 105 s.). Il doit en être de même aujourd'hui ; « néanmoins », dit M. Troplong (n° 58), « il y a aussi des cas où la transac- » tion serait difficile à expliquer si elle n'avait » pas pour cause la culpabilité du prévenu. Tout » dépend des circonstances, et d'ailleurs il s'agit » ici d'un de ces arguments qui sont abandon- » nés à l'appréciation du jury ou des tribunaux. » Il faut en user avec sobriété. »

CHAPITRE V.

DES EFFETS DE LA TRANSACTION.

§ I. — *Effets entre les parties.*

152. La transaction, comme toutes les conventions, fait naître des obligations. Mais son effet principal, le seul qu'elle produise nécessairement, c'est l'extinction du différend que les parties se sont proposé de prévenir ou de terminer en transigeant.

153. Ce ne peut être qu'au point de vue de cet effet de la transaction rapproché de celui du jugement qui a aussi pour résultat de mettre fin à un litige, que les rédacteurs de notre Code, s'inspirant de la loi 20 C. *de trans.*, ont pu nous dire dans l'art. 2052 (1er alin.) : que « les trans- » actions ont entre les parties l'autorité de la » chose jugée en dernier ressort. »

Comme les jugements encore, la transaction est obligatoire et met obstacle à l'exercice d'une nouvelle action sur les questions qu'elle a terminées. Mais si, quant à ces effets, elle se rapproche des jugements, la transaction en diffère essentiellement, et quant aux voies d'attaque, et quant aux causes de réforme et d'annulation. Ainsi, le pourvoi en cassation, la requête civile, la tierce opposition peuvent être dirigées contre un jugement, même passé en force de chose jugée ; la transaction y échappe; au contraire, elle peut être annulée pour cause de dol ou de violence, ce qui n'arrive pas aux jugements. Ainsi encore, un jugement est susceptible d'être maintenu sur un point et réformé sur un autre; la transaction étant indivisible de sa nature ne peut être annulée pour partie et maintenue pour le surplus.

De nombreuses différences séparent encore la transaction et le jugement, et quant à leur mode de formation, et quant à la capacité des personnes qui peuvent y figurer, et quant aux choses qui peuvent en faire l'objet.

Mais si l'assimilation faite par le législateur entre ces deux actes manque d'exactitude sur beaucoup de points, nous avons dit qu'elle était vraie en ce sens qu'entre les parties la transaction engendre une exception analogue à celle de la chose jugée en dernier ressort, exception qui n'aura d'effet que sous les conditions prescrites par l'art. 1351, à savoir l'identité des parties, de l'objet et de la cause. Cette exception ne pourra donc être invoquée que si la contestation nouvelle porte sur l'objet même au sujet duquel est intervenue la transaction et que si cette contestation nouvelle doit avoir lieu entre les mêmes parties procédant en la même qualité. Le législateur a cru devoir s'expliquer formellement sur ce point dans l'art. 2050, où il nous dit que « si » celui qui avait transigé sur un droit qu'il avait » de son chef acquiert ensuite un droit semblable du chef d'une autre personne, il n'est » point, quant au droit nouvellement acquis, lié » par la transaction antérieure. » Il ne pourrait non plus s'en prévaloir, car, comme l'a dit M. Bigot-Préameneu : « le droit qui n'était pas » encore acquis au temps de la transaction n'en » a pas été l'objet. » (Fenet, t. XV, p. 107.)

154. Si favorable que soit la transaction, elle ne saurait être étendue au-delà de son objet, *ad incogitata*, selon l'expression du président Favre (s. la L. 5, § 1 D., *de trans.*). Elle doit être restreinte aux points dont les parties ont entendu s'occuper, et quelque généraux que soient ses termes, son interprétation, comme dit Valeron (*de trans.*, tit. V, q. 2, n° 1), doit être *strictissimi juris*. Telle est la règle indiquée par les art. 2048 et 2049 du Code civil. « Les tribunaux, dit » Casaregis (disc. 177, n° 6), ont à cet égard un » pouvoir discrétionnaire pour rechercher l'in» tention véritable des parties. » Ils n'ont qu'à se conformer aux règles posées dans les art. 1156 et suivants sur l'interprétation des conventions : rechercher quelle est l'intention des parties sans s'attacher aux expressions dont elles se sont ser-

vies, et quand leur intention sera douteuse, l'interpréter restrictivement.

Ainsi lorsque les parties ont déclaré renoncer à tous leurs droits, actions et prétentions, cette formule, malgré sa généralité, ne doit comprendre que les droits, actions et prétentions qui se réfèrent au différend sur lequel elles ont transigé. La transaction dans ce cas est particulière.

Si les parties sont en contestation sur plusieurs questions, la transaction qui contiendrait cette même forme de renonciation mettrait fin à ces contestations diverses, car les parties ont voulu en transigeant, terminer tous leurs différends présents et prévus La transaction alors est générale.

Dans tous les cas, cette renonciation à tous droits, actions et prétentions a toujours pour effet d'éteindre non-seulement les débats actuels, mais encore les débats futurs qui pourraient s'élever sur la même question et pour la même cause.

155. Ces règles sur l'interprétation des transactions nous amènent à examiner quelle est la juridiction compétente pour décider souverainement quel doit être l'effet d'une transaction.

La chambre civile de la Cour de cassation, s'appuyant sur l'article 2052 du Code civil qui attribue à la transaction l'autorité de la chose jugée en dernier ressort, a décidé que les arrêts des Cours d'appel en matière de transaction pouvaient donner ouverture à cassation (21 août 1832. — 21 janvier 1835. — 27 février 1839. — 19 nov. 1851). La chambre des requêtes, au contraire, reconnaît ici, et avec raison, la souveraineté des Cours d'appel et n'admet pas que l'interprétation des actes des parties appartienne à la Cour de cassation. En effet, on ne peut conclure de ce que l'article 2052 attribue à la transaction l'autorité de la chose jugée, que cette convention puisse comme un jugement être déférée à l'appréciation de la Cour de cassation, ce qui tendrait à faire de celle-ci, contrairement à son institution, un troisième degré de juridiction (26 nov. 1828. — 9 avril et 12 août 1829. — 20 juin, 24 novembre et 20 décembre 1832. — 8 juill. 1834. — 27 août et 31 déc. 1835. — 1er et 8 févr. et 12 avril 1837. — 5 janv. 1841. — 20 juin 1842. — 6 mai 1846. — 20 avril 1857. — 21 décembre 1859. — 23 avril 1860. — 8 mai 1861).

Mais un arrêt portant sur la qualification de transaction à refuser ou à appliquer à un acte, un arrêt portant sur les clauses d'une transaction et attachant à ce contrat des conséquences contraires à la loi, ou lui déniant ses conséquences légales, donnerait évidemment lieu à cassation. C'est ce qui a été décidé par arrêt solennel de la Cour suprême le 26 juillet 1823.

150. Les transactions, ainsi que les jugements, ne sont appelées, nous le savons, à produire d'effet qu'entre les parties contractantes. L'ar-

ticle 2051 ne fait qu'appliquer à cette convention le principe général de l'article 1165, quand il nous dit que « la transaction faite par l'un » des intéressés ne lie point les autres intéressés » et ne peut être opposée par eux. » Par parties contractantes, il faut entendre non-seulement les personnes qui ont figuré au contrat par elles-mêmes ou par mandataires, mais encore leurs héritiers ou autres successeurs à titre universel, tous ceux enfin qui seraient liés par le droit commun, tels que les créanciers et ayant cause à titre particulier. Les créanciers ne pourront attaquer la transaction qu'en vertu de l'article 1167. Les ayant cause à titre particulier seront obligés par la transaction lorsqu'elle aura une date certaine antérieure à la naissance de leurs droits; dans le cas contraire, ils seront considérés comme tiers, et en cette qualité la transaction ne les obligera point.

§ II. — *Effets à l'égard des tiers.*

157. Quelle que soit la généralité des termes de l'article 2051, il ne faudrait pas l'entendre d'une manière trop rigoureuse et prétendre que la transaction n'aura jamais d'effet qu'entre les parties contractantes et leurs représentants.

Il est certaines situations juridiques desquelles il résulte entre les différents intéressés des liens qui leur permettent d'invoquer la transaction conclue par l'un d'eux, sans qu'on puisse la leur opposer. C'est ce qui a lieu quand l'auteur de la transaction doit garantie à ses co-intéressés, ou quand il peut être considéré comme ayant reçu mandat d'améliorer leur position.

158. Ainsi, dans le cas d'une dette garantie par voie de cautionnement, si c'est le débiteur principal qui a transigé avec le créancier sans opérer par cette transaction novation de la dette primitive, ce qui aurait pour effet de libérer entièrement la caution (art. 1281, 2e al. C. civ.), il est certain que cette transaction ne sera jamais opposable à la caution. Mais celle-ci pourra, si elle y trouve quelque avantage, invoquer la transaction faite par le débiteur dans la mesure où elle profite à celui-ci, puisque sans cela le recours en garantie qu'elle exercerait contre lui le priverait des avantages que devait lui assurer la transaction. Si la transaction a eu lieu en considération de quelque exception personnelle que le débiteur principal aurait pu faire valoir contre son engagement, la caution ne pouvant opposer l'exception purement personnelle au débiteur principal (art. 2036, 2e al. C. civ.), son obligation subsiste, déduction faite de ce que le créancier a pu recevoir en exécution de la transaction.

159. Si c'est avec la caution elle-même que le créancier a transigé, l'obligation du débiteur principal n'en subsiste pas moins, malgré l'argument fourni en sens contraire par l'article 1365

du Code civil, portant que le serment déféré à la caution profite au débiteur principal. Les principes généraux du cautionnement nous font penser qu'il vaut mieux ici argumenter de l'article 1287, d'après lequel la remise accordée à la caution ne profite pas au débiteur. Toutefois, ce que la caution aura payé en exécution de la transaction, tournera à la décharge du débiteur principal. Il en serait de même si la transaction avait porté sur le fait même du cautionnement, car le créancier ne doit rien recevoir au-delà du montant de sa créance (art. 1288 C. civ.). (M. Duranton, n° 421. — *Contra* M. Troplong, cautionn., n° 460.)

160. Lorsque la transaction a lieu sur une obligation solidaire, si c'est le débiteur qui transige avec un des créanciers solidaires, la transaction ne vaudra que pour la part de ce créancier (art. 1198 C. civ.). Cependant, si cette transaction n'était pas restreinte à la personne du contractant, et contenait quelque clause qui pût être favorable à ses cocréanciers qui n'y ont pas figuré, ceux-ci pourraient s'en prévaloir puisque chaque créancier solidaire est réputé le mandataire de ses cocréanciers pour l'amélioration de leur position.

161. Dans le cas de solidarité passive, quand l'un des débiteurs solidaires a transigé avec le créancier, si la transaction porte sur l'existence même de la dette ou sur une exception commune, les autres débiteurs peuvent, s'ils y

trouvent leur intérêt, se prévaloir de la transaction. Telle est du moins l'opinion généralement admise (MM. Marbeau, n° 263. — Duranton, n° 420. — Troplong, n° 126. — *Contra* M. Delvincourt, t. III, p. 478). Cette doctrine se fonde sur ce principe que les débiteurs solidaires sont censés s'être donné mandat réciproque d'améliorer leur condition, et spécialement sur l'article 1285 du Code civil en vertu duquel « la » remise ou décharge conventionnelle au profit » de l'un des débiteurs solidaires, libère tous » les autres, à moins que le créancier n'ait ex» pressément réservé ses droits contre ces der» niers. » Si la transaction avait été restreinte à la part du codébiteur contractant, les autres ne pourraient l'invoquer, mais ils seraient libérés dans la mesure de ce qu'aurait payé leur codébiteur; autrement leur recours contre lui rendrait illusoires les avantages qu'il a entendu retirer de la transaction.

Si la transaction porte sur une exception personnelle au débiteur qui transige, ses codébiteurs ne seront pas libérés jusqu'à concurrence de la part du transigeant, mais jusqu'à concurrence seulement de ce qu'il aura payé, car si le codébiteur n'avait pas transigé, il aurait pu faire retomber sur les autres la totalité de la dette (M. Accarias, ét. sur la trans., n° 133, 3°. — *Contra* M. Duranton, n° 420). Il en serait de même au cas où, la transaction ayant eu lieu sur le fait de la solidarité, le créancier prouverait que l'obligation entière grevait les débiteurs seuls avec qui il n'a pas transigé.

162. Dans le cas d'obligation indivisible, il est incontestable que la transaction ne peut être invoquée contre ceux des cocréanciers ou codébiteurs qui n'y ont pas pris part. Mais pourra-t-elle être invoquée par eux? La question présente quelque doute parce que l'indivisibilité n'implique pas comme la solidarité une idée de mandat tacite entre les co-intéressés. Cependant on admet, en général, qu'ils peuvent invoquer la transaction s'ils le jugent à propos (MM. Duranton, n° 418. — Troplong, n° 127. — Aubry et Rau, n° 421).

163. Quant à la transaction conclue par un tiers de bonne foi avec le simple possesseur de l'objet litigieux, elle ne saurait être opposée au véritable propriétaire, car le possesseur n'avait pas mandat de transiger pour lui. On objecte que le payement fait de bonne foi au possesseur d'une créance est valable (art. 1240 C. civ.); mais c'est que le débiteur qui paye pourrait s'il refusait le payement se voir contraint à l'effectuer; il n'est donc pas absolument libre; rien au contraire ne peut l'obliger à transiger. Mais le propriétaire de la chose qui a fait l'objet de la transaction pourrait se prévaloir de ce contrat, tout comme le propriétaire peut ratifier la transaction faite par la personne qui a géré ses biens.

164. Lorsqu'une transaction a été conclue par un propriétaire sous condition résolutoire, cette

transaction n'est définitive que si le droit de propriété devient incommutable. S'il est résolu par l'accomplissement de la condition, elle ne peut obliger ceux à qui la propriété fait retour; seulement elle pourra être maintenue par eux s'ils le jugent à propos.

165. Tel est le principe qui devra nous guider dans la question de savoir si un grevé de substitution peut transiger sur des difficultés relatives aux biens compris dans le fidéicommis. Cette question divisait nos anciens jurisconsultes. Les uns, comme Fusarius (*de substit.*, q. 362), décidaient que la transaction ne pouvait préjudicier au substitué. Les autres au contraire pensaient que les substitués étaient liés par la transaction, car, disait Cochin (t. IV, p. 306) : « Un donataire » grevé de substitution est seul propriétaire des » biens chargés de fidéicommis : c'est une erreur » de le regarder comme simple usufruitier et de » supposer que la propriété réside dans la per» sonne de ceux qui sont appelés à la substitu» tion... Tous les droits de la propriété ne rési» dent que dans la personne du grevé, et les » droits de ceux qui sont appelés après lui ne » consistent que dans une espérance très-fra» gile. » Il en concluait que le grevé pouvait transiger sur un procès sérieux et difficile, « c'est, » ajoutait-il, « un parti que la sagesse inspire et » que les lois elles-mêmes autorisent pour ter» miner des contestations qui ruineraient les » parties en frais et dont l'événement est incer-

» tain. » L'ordonnance d'août 1747, tout en admettant cette seconde opinion, décida que nulle transaction ne serait opposable au substitué, si elle n'avait été homologuée par le Parlement sur les conclusions du ministère public, le tout à peine de nullité (tit. II, art. 53 et 54).

Le Code civil n'a pas reproduit cette sage disposition, et aujourd'hui comme avant l'ordonnance, abrogée par l'article 7 de la loi du 30 ventôse an XII, on se demande quel est l'effet de la transaction faite par le grevé.

On a dit d'abord qu'il fallait appliquer ici la disposition de l'ordonnance de 1747 en l'introduisant dans la jurisprudence sous le couvert de l'équité (M. Duranton, t. IX, n° 592). D'autres auteurs ont proposé d'appliquer ici l'article 467 du Code civil, et de rendre opposable aux substitués la transaction consentie par le grevé avec l'accomplissement des formalités prescrites par cet article (MM. Aubry et Rau, n° 696). Enfin, et en présence du silence de la loi, c'est là l'opinion qui nous paraît préférable. on a dit qu'il fallait s'en tenir ici à l'article 2045; le grevé ne peut par une aliénation ravir au substitué ses droits éventuels, il ne peut en conséquence l'en priver par une transaction (MM. Marbeau, n° 119. — Troplong, n° 101). Nous appliquerons donc au grevé la règle que nous avons admise pour tous les propriétaires sous condition résolutoire. La transaction, comme l'aliénation par lui consentir, sera soumise à cette condition.

166. Cette règle toutefois n'est pas sans souffrir certaines exceptions. Ainsi il résulte de l'article 132 du Code civil que la transaction passée par les envoyés en possession définitive serait opposable à l'absent. De même la transaction consentie par le donataire d'immeubles soumis plus tard au rapport ou à la révocation pour cause d'ingratitude ne pourra être attaquée par ceux qui profiteront de la résolution de la donation (art. 860 et 958 C. civ.). Enfin la transaction faite sans fraude par un acheteur à réméré sur une difficulté relative au bail devrait être respectée par le vendeur qui a racheté son immeuble (art. 1673 C. civ.). Il en serait de même pour toutes les transactions passées par l'acquéreur relativement à l'administration de l'immeuble soumis au rachat (MM. Rolland de Villargues, Rép. du not., v° *Trans.*, n° 37.—Marbeau, n°s 118 et 130).

167. Il nous reste à examiner la question capitale de savoir si la transaction est un titre translatif ou un titre déclaratif de droits, c'est-à-dire si celui à qui est attribué l'objet litigieux ne fait que conserver les droits qu'il prétendait avoir antérieurement, ou si son adversaire lui a en outre transféré les droits que lui-même prétendait avoir sur l'objet en litige.

168. Cette question, la plus délicate de notre matière, n'a jamais fait le moindre doute à l'égard des objets non litigieux que l'un des cotransigeants s'oblige à céder à l'autre en retour de ses

concessions. Le caractère translatif de la transaction quant à ces objets est manifeste et ne saurait être contesté. Il ne saurait non plus s'élever aucun doute au cas où l'une des parties s'engage à payer à l'autre une somme ou toute autre valeur assez élevée pour servir de prix à l'objet qu'elle obtient ou qu'elle conserve. Il n'y a alors qu'une vente ou qu'un échange déguisé sous l'apparence trompeuse d'une transaction, et cette opération produira les effets ordinaires de la vente ou de l'échange, car *magis quod actum quam scriptum est inspiciendum.*

169. La controverse n'existe qu'à propos des objets litigieux compris dans la transaction. Nous l'avons étudiée en droit romain et nous avons dit, en nous plaçant à un point de vue purement rationnel, que, bien loin d'être déclarative, la transaction était par essence translative de droits.

Que se passerait-il en effet si la transaction était purement déclarative, si l'abandon par l'une des parties de ses prétendus droits ne constituait qu'une simple déclaration des droits antérieurs de l'autre? Celui qui renoncerait à ses prétentions sur la chose litigieuse n'en reconnaîtrait-il pas implicitement le mal fondé? Ne serait-ce pas là de sa part un aveu de la certitude des droits de son adversaire? Et alors la transaction ne serait-elle pas d'une immoralité singulière, ne constituerait-elle pas, qu'on nous passe le mot, le chantage le plus infâme? Celui des contractants qui se ferait payer la reconnaissance d'un droit à ses yeux incontestable serait un escroc, et son cocontractant ne serait qu'une dupe. Comment admettre après cela que la loi puisse reconnaître à une convention un effet aussi contraire à la bonne foi et au bon sens? Aussi avons-nous vu que la législation romaine, d'accord avec la raison et avec la morale, reconnaissait à la transaction un caractère translatif.

En est-il de même dans notre Code? Il garde à cet égard un silence absolu; nulle part les législateurs de 1804 n'ont exprimé leur pensée sur ce point. Aussi la question excite-t-elle encore aujourd'hui les plus vives controverses. La grande majorité des auteurs se prononce pour le caractère exclusivement déclaratif de la transaction. Mais les partisans ne manquent pas à l'opinion contraire : brillamment soutenue par le regrettable M. Vernet, au concours d'agrégation de 1856, elle a été depuis victorieusement défendue par M. Accarias (Et. sur la trans., n°s 143 s.) et par M. Bonfils (Des trans., n° 176). Nous avons dit pour quels motifs nous nous y rattachions, et nous allons essayer de la soutenir.

170. Mais auparavant il importe de signaler une troisième opinion émise par M. Mourlon dans son Traité de la transcription (n°s 72 s.). « A » notre avis, dit-il, la transaction n'a, du moins » en principe, aucun effet translatif; mais bien » loin qu'elle ait un effet déclaratif, elle y ré- » pugne au contraire, et de la manière la plus » énergique, par sa nature même, par sa propre

» essence. » Et plus loin il ajoute : « La trans- » action est du côté de la partie qui se désiste » une renonciation et par conséquent un acte » abdicatif du droit que cette partie croit avoir à » l'objet litigieux. » Pour M. Mourlon, la transaction n'est jamais simplement déclarative; ce n'est que par exception, dans le cas seulement où celui qui obtient l'immeuble litigieux par suite de la transaction est déjà inquiété par un tiers, ou craint avec juste raison de l'être plus tard, qu'elle est translative; en principe, elle est extinctive du droit qu'elle a pour objet.

Cette distinction de M. Mourlon entre le cas où il y a crainte sérieuse d'éviction actuelle ou imminente de la part des tiers et le cas où il n'existe aucune crainte de ce genre, ne nous paraît pas admissible, et nous ne voyons pas pourquoi l'avantage que prétend retirer de la transaction celui qui a obtenu ou conservé l'immeuble litigieux ne serait pas le même, selon que les chances d'éviction seraient plus ou moins probables. N'est-il pas évident qu'il a entendu fortifier son droit le plus possible contre toute éventualité plus ou moins lointaine, et quelque improbable que paraisse, au moment de la transaction, le danger d'une éviction future, celui qui transige peut-il être certain de ne jamais se voir inquiété dans sa possession? Comment donc supposer qu'il n'a pas toujours entendu protéger son droit contre les éventualités de l'avenir? Et où serait sa protection, si, à un tiers qui viendrait troubler sa possession en élevant sur l'immeuble, objet du contrat, des prétentions impossibles à prévoir lors de la transaction, il ne pouvait opposer que les moyens qu'il invoquait au moment où cette convention a eu lieu? Sans doute il triomphera si les titres sur lesquels il fondait alors sa prétention, ou des titres postérieurement découverts, contiennent la preuve de ses droits, mais, dans le cas contraire, ne pourra-t-il invoquer les droits que son adversaire prétendait avoir sur l'objet du litige, et devra-t-il forcément succomber?

Bien plus, si des titres inconnus au moment du contrat étaient venus établir les droits de celui qui a fait abandon de ses prétentions sur l'immeuble en question, celui-ci pourrait s'en prévaloir, cela est incontestable, vis-à-vis du tiers victorieux, et rentrer en possession de ce fonds auquel il avait renoncé, et alors, selon M. Mourlon, il n'aura à craindre aucun recours du chef de son cotransigeant. Comment en effet l'obliger à restituer l'immeuble sans reconnaître le caractère translatif de la transaction? M. Mourlon, conséquent avec lui-même, ne pouvait arriver à cette conclusion; mais alors quelle iniquité ne sanctionne-t-il pas! Celui qui a renoncé à ses droits sur l'immeuble, qui a promis à son adversaire de ne plus lui en contester la propriété, qui n'aurait pas pu la lui contester s'il en était demeuré possesseur, pourra impunément rentrer et rester en possession de cet immeuble parce qu'un tiers sera venu s'en prétendre propriétaire? Mais n'est-ce pas là une porte ouverte aux machinations les plus malhonnêtes? Qui nous assure en effet que ce tiers qui intervient si à propos pour celui qui avait renoncé à l'immeuble n'est pas tout simplement son complice? Voilà pourtant où conduirait la distinction arbitraire de M. Mourlon; aussi répétons-nous que dans tous les cas la transaction doit être considérée comme une cession de droits, non pas sans doute de droits certains, puisque ces droits sont en litige, mais de droits douteux. Celle des parties à qui la transaction attribue la possession de la chose contestée conserve sur cette chose ses droits tels quels et acquiert en outre les droits tels quels aussi de la partie adverse; elle pourra invoquer contre les tiers les uns aussi bien que les autres.

171. Ce système écarté, deux opinions restent en présence. Nous allons examiner sur quels arguments se fonde celle que nous repoussons, et pour mieux faire ressortir l'importance de la question, recherchons d'abord quels sont ses intérêts pratiques. Voici les quatre principaux :

1° La transaction constitue-t-elle un juste titre? Permet-elle au possesseur de l'objet litigieux d'invoquer, s'il est de bonne foi, la prescription de dix à vingt ans et de faire les fruits siens? Non, si elle est déclarative, oui, si elle est translative.

2° La transaction sur un meuble permet-elle à celui à qui elle l'attribue d'invoquer la maxime de l'article 2270 du Code civil : en fait de meubles possession vaut titre? Oui, si la transaction est translative, non, si elle est déclarative, car pour invoquer cette maxime il faut avoir reçu la chose en vertu d'un juste titre, c'est-à-dire en vertu d'un titre qui eût transféré la propriété à celui qui s'en prévaut. Or, si la transaction n'est qu'un titre déclaratif, il est clair qu'elle n'a rien transféré à celui qui l'invoque.

3° La transaction sur un immeuble est-elle assujettie à la transcription? Non, si elle n'est que déclarative, puisque le possesseur n'aura jamais à opposer aux tiers les droits qu'il tient de son cocontractant; oui, au contraire, si elle est translative, car elle rentre alors dans les cas prévus par la loi du 23 mars 1855; le transactionnaire ne pourrait pas invoquer les titres qu'il tient de l'autre partie s'il n'avait eu le soin de les faire transcrire.

4° Dans le cas où, les époux étant mariés sous le régime de communauté, l'un d'eux transige sur un immeuble dont il se prétend propriétaire en vertu d'une cause d'acquisition antérieure au mariage, et par cette transaction consolide sur sa tête la propriété de l'immeuble, cet immeuble est-il un propre ou un conquêt? Il sera propre si la transaction est déclarative, puisque l'époux dans ce système conserve le bien en vertu de ses titres antérieurs. Telle était la doctrine de Pothier (Commun., n° 164). Elle doit être admise sous notre Code, non plus en vertu du principe de l'effet déclaratif reconnu par Pothier, mais en vertu des articles 1402 et 1408, selon que l'époux aura acquis par la transaction la possession de l'immeuble en totalité ou pour la part qu'il ne possédait pas encore L'immeuble formera un conquêt au contraire si l'époux du transigeant prouve que son conjoint n'était pas en réalité le véritable propriétaire, mais qu'il avait besoin de la transaction pour le devenir.

172. Voyons maintenant quels sont les arguments invoqués en faveur du caractère déclaratif de la transaction.

173. Le premier argument est tiré de notre ancien droit. Cette question était vivement débattue au sein des écoles, comme nous l'apprend d'Argentré (Cout. de Bret., art. 266). « *De transactione mirifice pugnatur in scholis, titulusve sit habilis ad dominii translationem, aut usucapiendi conditionem.* » Trois opinions divisaient sur cette question les coutumes et les jurisconsultes coutumiers.

La première opinion, la seule conforme à la législation romaine, et selon nous la seule qui fût dans le vrai, voyait dans la transaction une véritable transmission de droits. Ce système, soutenu par Tiraqueau (Retr. lign., § 1, gl. 14, n° 64), était en vigueur dans la coutume de Reims (art. 210) et dans la nouvelle coutume de Touraine (art. 180).

Dans une seconde opinion, on distinguait s'il y avait ou non déplacement de l'objet litigieux. Au premier cas, la transaction était translative, au cas contraire elle n'était que déclarative. Le motif de cette distinction bizarre nous est donné par Boucheul, dans son commentaire sur l'art. 23 de la coutume de Poitou : on présumait qu'une transaction par laquelle l'ancien possesseur se démettait de l'héritage était une vente déguisée, c'est-à-dire que, par une interprétation erronée de la loi *Si pro fundo* (L. 33 C., *de trans.*) qui refusait simplement l'action en garantie en ce qui touche l'objet litigieux, on supposait toujours le possesseur véritable propriétaire. Cette opinion, professée par Poquet de Livonnières (Tr. des fiefs, l. III, ch. 4) et par Loisel (Inst. cout., liv. IV, tit. II, § 11), était consacrée par la coutume de Normandie (art. 467) et par celle d'Anjou (art. 360).

Une troisième opinion ne voyait dans la transaction qu'un titre purement déclaratif. A ce système se ralliait la majorité de nos anciens auteurs, et parmi eux d'Argentré (cout. de Bret., art. 266, c. 3), Deluca (*de feudis*, disc. 47, n° 9), Ferrières (art. 113 Cout. de Paris), Dumoulin (§ 33, gl. 1, n° 67) et enfin Pothier qui professe cette doctrine dans plusieurs de ses ouvrages (Commun., n° 64. — Vente, n° 467. — Retr., n° 110. — Comment. de la cout. d'Orléans, n° 188).

Dans le dernier état de notre ancien droit, cette opinion avait fini par prévaloir en doctrine et en jurisprudence. On en a conclu que si les rédacteurs de notre Code avaient gardé le silence à cet égard, c'est qu'ils avaient entendu la confirmer tacitement. Mais si nous recherchons les motifs qui avaient amené nos anciens auteurs à proclamer la transaction déclarative, nous verrons que le silence du Code ne prouve rien en faveur de cet argument. Quel était en effet le but des feudistes en repoussant l'effet translatif de la transaction? C'était d'éviter les droits féodaux, les lods et ventes, le profit de quint, le profit de rachat, le profit censuel, qui écrasaient les vassaux et entravaient la circulation des biens-fonds. Or, si la transaction avait été translative, comme elle eût été équipollente à vente, elle eût donné ouverture à l'exercice de ces droits. Il fallait éviter ce résultat, et c'était sous l'influence de cette préoccupation que les jurisconsultes du XVIᵉ siècle avaient été amenés à méconnaître le véritable caractère de la transaction. Mais les motifs qui les avaient inspirés avaient disparu à l'époque de la rédaction de notre Code; ils n'ont pu guider notre législateur.

174. On s'appuie en second lieu sur l'art. 2052 du Code civil qui, nous l'avons vu, attribue à la transaction l'autorité de la chose jugée. Or, dit-on, un jugement constate toujours un droit préexistant; donc la transaction, elle aussi, constate un droit ancien, elle n'en crée pas un nouveau. Nous avons déjà répondu à cet argument en disant en quel sens il fallait entendre cet art. 2052. Il signifie simplement que la transaction régulièrement faite est irrévocable. D'ailleurs, si la conclusion que l'on tire de cet article était

exacte, le droit romain, à qui il emprunte cette comparaison entre la transaction et le jugement, l'aurait certainement admise, tandis qu'il déclarait au contraire la transaction translative. Enfin, il résulte des travaux préparatoires (Fenet, t. XV, p. 97) que les rédacteurs du Code considéraient la transaction comme translative. En effet, l'art. 16 du projet portant que l'éviction de l'objet litigieux ne donnerait pas lieu à garantie, fut supprimé par le Conseil d'Etat sur une observation du premier consul qui trouvait cette disposition injuste. C'est donc que, à tort ou à raison, nous n'avons pas à nous en occuper maintenant, la transaction, dans la pensée du Conseil d'Etat, comme dans celle du premier consul, devait emporter garantie, et que, par suite, ils la considéraient comme translative.

175. Un troisième argument invoqué par nos adversaires est tiré de la loi du 22 frimaire an VII. Cette loi, d'après une opinion généralement admise (MM. Championnière et Rigaud, Tr. des dr. d'enreg., t. I, n° 7. — G. Demante, Expos. rais. des princ. de l'enreg., t. I, n° 322) et à laquelle nous nous rangeons, ne soumet la transaction qu'à un droit fixe en ce qui touche l'objet litigieux. On en conclut que si la transaction était translative elle serait soumise à un droit proportionnel. La loi, conçue dans un but purement fiscal, se contente d'un droit fixe ; c'est donc, a-t-on dit, que la transaction est déclarative, car la loi frappe d'un

droit proportionnel les actes translatifs. Nous ne saurions adopter cette conclusion. Selon nous, celui qui abandonne l'objet litigieux renonce à tous ses droits sur cet objet; il les transmet tels qu'il les a à son adversaire; mais, en définitive, on ignore de quel côté était la propriété. Il y a là un doute qui ne sera jamais dissipé, puisque la transaction a précisément pour but d'empêcher toute recherche sur ce point. On ignore donc en réalité si la transaction est translative ou si elle est déclarative, et en présence de ce doute, le législateur a pu admettre le point de vue le plus favorable aux parties pour la perception de l'impôt, sans qu'on puisse induire de là que la transaction n'est jamais pour lui que déclarative.

176. Voyons quelle est sur cette question l'opinion de la jurisprudence. Les tribunaux, en général, admettent l'effet déclaratif (Trib. civ. de Rouen, 28 nov. 1827, — de la Seine, 25 janv. 1838, — d'Abbeville, 23 avril 1839. — Lyon, 28 août 1839. — Cambrai, 31 août 1842. — Nîmes, 8 mars 1843. — Dijon, 21 déc. 1858 et 14 fév. 1859. — *Contra* : Nantes, 16 août 1842. — Melle, 26 mars 1852). La Cour de cassation au contraire proclame le caractère translatif de la transaction (15 fév. 1831. — 19 nov. 1839. — 26 juill. 1841. — 21 mars 1842. — 17 mars 1846. — 5 juin 1861. — Req., 2 janv. 1844. — 22 avril 1845). Quelques rares arrêts font pourtant exception (28 fév. 1809. — 21 avril 1848. — Req., 5 juin 1811. — 28 févr. 1846). Il importe

de remarquer que presque toutes ces décisions judiciaires ont été rendues en matière fiscale, à propos des droits de mutation. Pour les tribunaux de première instance, la transaction n'étant que déclarative, ne donne ouverture qu'à un droit fixe. Nous avons dit comment nous arrivions au même résultat tout en admettant le caractère translatif de ce contrat. Mais la Cour de cassation conclut au contraire de cet effet translatif qu'il y a lieu à perception d'un droit proportionnel. Est-ce à dire que la Cour adopte en principe le caractère translatif, ou bien est-ce seulement quant à la perception des droits d'enregistrement qu'elle reconnaît ce caractère? L'arrêt solennel du 12 décembre 1865 est venu dissiper tous les doutes à cet égard en déclarant que la jurisprudence de la Cour n'engageait que la question de droit fiscal. Déjà du reste il était permis de le croire car, dans les arrêts que nous avons cités, la Cour de cassation ne s'est évidemment préoccupée que des intérêts du fisc. Ce qui montre du reste d'une façon péremptoire que la Cour ne reconnaît l'effet translatif que pour favoriser les prétentions de la régie, c'est qu'elle abandonne ce principe sans hésiter, aussitôt que la régie n'y trouve plus son avantage; elle proclame alors la transaction déclarative. Nous en trouvons la preuve dans un des arrêts que nous avons cités en ce sens, celui du 23 février 1846. Dans l'espèce, des communes avaient consenti, moyennant une somme d'argent, à abandonner leurs prétentions sur des immeubles à elles légués. La Cour déclara qu'elles n'avaient jamais eu droit qu'à la somme convenue, et ce, non pas à titre de créancières en vertu de la transaction, mais à titre de légataires. Si la Cour de cassation avait reconnu à la transaction un effet translatif, il y eût eu lieu à un droit d'obligation de 1 0/0 (L. 22 frim. an VII, art. 69, § 3, n° 3). Mais en lui attribuant un effet déclaratif, le droit à percevoir s'élevait à 6 0/0 (L. 21 avril 1832, art. 33 *in fine*). La loi du 22 mai 1850 (art. 10) en portant à 9 0/0 le droit de legs de sommes entre personnes non parentes, et celle du 14 août de la même année (art. 9, 1er al.) en abaissant à un demi pour cent le droit d'obligation, ne semblent pas faites pour amener un changement dans cette jurisprudence.

177. Le système de la Cour de cassation n'est en définitive que la sanction des prétentions émises par l'administration de l'enregistrement dans l'instruction générale du 15 décembre 1827 qui déclare exigible le droit proportionnel quand il y a changement dans la possession de l'immeuble en litige. Ce système a pour effet de réduire à l'état de lettre morte l'article 44, n° 8, de la loi du 28 avril 1816, lequel porte à trois francs le droit fixe d'un franc auquel l'article 68, § 1, n° 45 de la loi de frimaire, avait soumis les transactions.

Lorsque l'immeuble litigieux reste aux mains du possesseur, le conseil de l'administration de l'enregistrement a décidé, dans sa délibération du 12 juin 1829, que la renonciation d'une des parties à ses prétentions était une cession immobilière et devait subir le droit proportionnel. Il est vrai que le conseil d'administration a donné son acquiescement tacite à un jugement du tribunal de Cambrai du 3 août 1842 qui repoussait formellement ses prétentions; mais faut-il en conclure que ce système ait été abandonné? Il est permis d'en douter.

Pour nous, nous le répétons, la transaction est dans tous les cas soumise au droit fixe.

Quant aux objets non litigieux compris dans la transaction, ce contrat, ne pouvant évidemment être que translatif à leur égard, donnera, comme tout acte translatif, ouverture aux droits établis sur ces actes par les lois fiscales.

178. Demandons-nous, maintenant que nous avons reconnu le caractère translatif de la transaction, si ce contrat oblige à garantie. Pothier, reproduisant la distinction que nous avons rencontrée en droit romain à cet égard, décide (Tr. de la vente, nos 645 s.) que si l'éviction porte sur l'objet non litigieux qu'une des parties a transféré à l'autre en retour de ses concessions, l'action en garantie est toujours ouverte; que si, au contraire, l'éviction porte sur l'objet litigieux lui-même, la garantie ne sera jamais due; les parties se sont cédé leurs droits tels quels et on ne peut raisonnablement admettre qu'elles aient entendu se garantir des droits incertains et douteux. Ce système doit être encore admis aujourd'hui.

On a objecté ici un argument tiré des travaux préparatoires. L'article 16 du projet portait que : « il n'y a point lieu à garantie des objets auxquels » chaque partie prétendait avoir des droits dont » elle s'est désistée en faveur de l'autre, lors même » que ce désistement aurait été consenti moyen- » nant une somme. Néanmoins, si une partie est » évincée par un tiers avant qu'elle ait de sa part » exécuté la transaction, elle ne peut pas y être » contrainte, à moins que le cas de l'éviction » n'ait été prévu. » Cette disposition, nous l'avons dit, fut supprimée par le Conseil d'État sur une observation du premier consul qui la trouvait injuste. Faut-il donc en conclure que la transaction donnera ouverture à garantie? Nous ne le pensons pas. Ce serait partager avec le Conseil d'État l'erreur du premier consul. La sagacité juridique dont il donna tant de preuves au cours de la discussion du Code fut ici mise en défaut par la contradiction que présentait la rédaction embarrassée de cet article en refusant à la partie évincée le droit de répéter la chose donnée en exécution du contrat, et en l'autorisant à ne pas fournir cette chose quand l'éviction avait lieu avant l'exécution de son obligation. Frappé à première vue de cette anomalie, il ne s'aperçut pas que l'erreur était dans la dernière disposition et non dans la première. Il est en effet hors de doute que la partie évincée ne peut pas plus refuser l'exécution qu'elle ne peut répéter quand elle a exécuté. C'est aux parties, si elles veulent se réserver un recours en garantie, à le stipuler formellement.

179. Les parties peuvent, pour assurer l'exécution de la transaction, stipuler une clause pénale. L'article 2047 du Code civil a pris soin de nous le dire expressément, bien que cette règle ait déjà été posée d'une manière générale pour toutes les conventions dans l'article 1229 qui prohibe, en principe, le cumul du principal et de la peine. Faut-il admettre que l'article 2047 ait entendu déroger au droit commun, et que la peine doive toujours se cumuler avec le principal en matière de transaction? Notre texte est trop peu précis pour nous permettre d'en déduire cette dérogation absolue au droit commun. D'ailleurs, il résulte de l'examen des travaux préparatoires que le législateur a entendu appliquer ici les principes généraux sur la clause pénale. La partie au profit de laquelle la peine sera encourue devra donc opter entre le payement de la peine et l'exécution de la transaction conformément à l'article 1228. Elle ne pourra poursuivre tout à la fois et la peine et l'exécution que s'il ressort clairement des circonstances que la peine a été stipulée pour le simple retard (art. 1229).

La question reste donc une simple question d'intention. Elle sera résolue contre le cumul quand la clause pénale ne paraîtra avoir été stipulée que comme un moyen de résoudre la transaction en cas d'inexécution par l'une des parties. Mais il peut arriver aussi que la peine ait été stipulée comme garantie contre un nouveau procès sur la contestation qu'on a voulu éteindre, comme compensation du dommage que pourrait causer la nécessité de soutenir ce nouveau procès. Dans ce cas il y aura cumul de la peine et de l'exécution ; et comme le but principal des parties a dû toujours être de mettre définitivement fin à leur contestation, c'est dans le sens du cumul, à moins que les termes de la convention n'y résistent, que devra être interprétée leur intention (MM. Toullier, t. VI, n° 820. — Rigal, p. 134). Cette exception au droit commun était déjà admise par Pothier (Tr. des oblig., n° 348).

180. Lorsque la transaction vient à être rescindée, cette rescision fait tomber aussi la clause pénale (art. 1227 C. civ.). La partie qui demande la rescision du contrat ne doit donc pas être obligée de payer la peine avant d'intenter son action. Cette peine n'est due que si la demande est rejetée comme mal fondée ; si elle est admise, au contraire, la peine n'est pas encourue. Pourquoi donc imposer au demandeur le payement de cette peine avant de savoir s'il la doit ou non ? On lui accorde, il est vrai, une action en répétition, mais n'est-il pas plus simple de lui épargner un recours qui pourrait n'être qu'illusoire si la partie adverse était devenue insolvable ?

CHAPITRE V.

DE LA NULLITÉ ET DE LA RESCISION DE LA TRANSACTION.

181. Nous avons dit que pour la validité de la transaction, comme pour celle de toute autre convention, quatre conditions étaient requises, à savoir : le consentement des parties, leur capacité, un objet certain, une juste cause (art. 1108 C. civ.).

182. Lorsque la capacité des parties fait défaut, nous avons vu au chapitre III qu'il y avait lieu alors à annulabilité de la transaction si la personne incapable jugeait à propos de la demander.

183. Quant aux trois autres conditions, leur défaut absolu met obstacle à l'existence même de la transaction ; en l'absence de l'une d'elles ce contrat est radicalement nul. Le législateur n'avait pas à s'en occuper ici ; il s'en réfère implicitement aux règles du droit commun.

La transaction sera nulle toutes les fois qu'il n'y aura pas eu consentement des parties, soit parceque l'une d'elles ou toutes les deux n'étaient pas saines d'esprit à l'instant du contrat, soit parce qu'elles n'étaient pas d'accord sur l'individualité de l'objet en litige, ou sur l'identité de la question pendante, ou sur la nature du contrat à former. Elle sera nulle encore si l'obligation de l'une des parties manque d'objet, si, par exemple, en retour de la prétention abandonnée par l'un des contractants, l'autre lui promet un objet certain qui déjà n'existe plus. Enfin la transaction est encore nulle, avons-nous dit, si la cause en est illicite, si, par exemple, l'une des parties consent à faire des concessions à l'autre à la condition que celle-ci commettra un acte prohibé par la loi, ou contraire aux bonnes mœurs et à l'ordre public.

184. La loi ne s'occupe dans l'art. 2052 (2e alin.) et dans les articles suivants que des causes d'annulation et non des causes de nullité qui peuvent affecter la transaction. Il est vrai que dans les art. 2055, 2056 et 2057, la loi déclare la transaction nulle; mais il est constant que dans le langage habituel du Code le mot *nullité* est souvent employé dans le sens de *rescision*.

185. Avant de rechercher les différentes causes qui peuvent donner lieu à la rescision d'une transaction, il importe d'exposer un principe que nous avons déjà invoqué et qui domine la matière, à savoir : l'indivisibilité de la transaction.

La transaction est de sa nature indivisible, c'est à-dire que ses diverses clauses sont tenues pour corrélatives et ne sauraient subsister séparément. Si l'une d'elles vient à manquer, sa nullité entraîne forcément la nullité de toutes les autres (Paris, 15 mars 1820. — Cass., 27 févr. 1830. — Caen, 11 mars 1844). C'est là, nous l'avons vu, une différence essentielle entre les transactions et les jugements. Ce principe, inconnu en droit romain, était déjà adopté dans notre ancienne jurisprudence (d'Argentré, sur l'art., 573 cout. de Bret.). Il fut nettement formulé par M. Bigot-Préameneu dans l'exposé des motifs (Fenet, t. XV, p. 110 et 112) à propos de l'art. 2055 où il en est fait application, ainsi que dans l'art. 2057 1er alin.).

Cependant, si les chefs d'une même transaction étaient distincts ou indépendants les uns des autres de manière qu'ils ne fussent pas accordés les uns en considération des autres, la transaction ne devrait pas tomber pour le tout. (M. Rigal, p. 153.) C'est ce qu'a décidé un arrêt de la Chambre des requêtes du 9 février 1830 en rejetant un pourvoi formé contre un arrêt de la Cour de Besançon qui n'avait annulé une transaction que pour partie seulement. Les juges du fait peuvent donc, suivant les circonstances, annuler une transaction sur certains chefs et la maintenir sur les autres, mais à défaut d'une déclaration expresse des parties en ce sens, cette intention ne devra leur être attribuée que sur des indices manifestes, car on doit présumer, en général, que les parties n'auraient pas transigé comme elles l'ont fait sur un point, s'il n'y avait pas eu transaction sur l'autre.

186. De cette indivisibilité de la transaction. Il ne faudrait pas conclure qu'une transaction faite par plusieurs personnes ou au nom de plusieurs personnes ayant un intérêt commun ne peut être rescindée au profit de l'une d'elles sans l'être en même temps au profit des autres (Cass., 25 nov. 1834. — *Contra*, Trèves, 18 mars 1812).

187. Recherchons maintenant quelles sont, en dehors de l'incapacité, les causes diverses qui peuvent donner lieu à la rescision d'une transaction.

188. D'abord, en ce qui touche le dol et la violence, on appliquera en notre matière les règles du droit commun exposées dans les art. 1111 à 1117 du C. civ. La transaction entachée de l'un de ces vices sera toujours annulable. Il en était déjà ainsi en droit romain et dans notre ancienne jurisprudence (Domat, L. civ., liv. I, tit. XIII, sect. II, n° 1), L'art. 2053 (2e alin.) ne fait qu'appliquer les principes sur ce point. L'art. 2057 (1er alin.) nous fournit un exemple de rescision pour cause de dol. Il faut ici, comme dans toutes les conventions, que les manœuvres dolosives aient amené la conclusion du contrat. C'est là une question de fait laissée à l'appréciation des juges (Req., 5 déc. 1838). La violence entraîne rescision de la transaction alors même qu'elle aurait été exercée par un tiers, ou sur le conjoint, les ascendants ou les descendants du transactionnaire.

189. Quelle est l'influence de l'erreur sur la transaction? L'art. 2052 pose à cet égard un

principe général : la transaction ne peut être annulée pour cause d'erreur de droit. Cette dérogation au droit commun, déjà admise par notre ancienne jurisprudence, se fonde sur cette considération que les parties en général ne transigent qu'après un examen sérieux et approfondi de l'objet de la transaction, qu'après avoir soigneusement discuté, apprécié et balancé leurs intérêts réciproques, et pris l'avis des hommes compétents sur les questions juridiques que présente leur contestation.

190. L'erreur de fait au contraire peut amener la rescision d'une transaction, soit qu'elle porte sur l'objet même de ce contrat, soit qu'elle porte sur la personne avec laquelle il est conclu (art. 2053, 1er alin.).

191. Occupons-nous d'abord de l'erreur sur la personne. Si cette erreur se confond avec l'erreur sur l'objet de la transaction, si quelqu'un, par exemple, croyant avoir un différend avec Primus transige avec lui, tandis que c'est avec Secundus qu'existe en réalité la difficulté, la transaction est nulle faute d'objet, puisque la prétention de Primus était dénuée de toute espèce de fondement. Tel n'est pas évidemment le cas prévu par l'art. 2053 qui parle d'une erreur pouvant faire rescinder la transaction, n'ayant donc pu par conséquent faire obstacle à sa formation. Il s'agit ici non pas, à proprement parler, de l'erreur sur la personne, mais de l'erreur sur les qualités de la personne. Ainsi, Primus qui fait une transaction

avec Secundus avait bien en réalité une difficulté avec celui-ci, mais en traitant avec lui, il croyait avoir affaire à un autre individu du même nom. En ce cas l'erreur ne porte point sur l'objet même de la transaction, car le différend sur lequel elle est intervenue existait réellement entre Primus et Secundus, mais sur la personne avec laquelle Primus a cru contracter puisqu'il a pris Secundus pour une autre personne qu'il avait en vue. Cette erreur qui porte uniquement sur la personne avec laquelle on a transigé sera-t-elle dans tous les cas une cause de rescision de la transaction ? En autres termes, la disposition de l'art. 2053 déroge-t-elle au principe général de l'art. 1110 du Code civil qui n'autorise la rescision pour erreur de cette nature que si la considération de la personne a été la cause principale de la convention? On a voulu donner cette portée à notre article sous prétexte que la transaction était toujours censée faite *intuitu personœ* (M. Demante, Progr., t. III, n° 813). Mais c'est là, selon nous, une interprétation inadmissible ; cet article ne fait que rappeler les principes généraux. La transaction sera toujours valable, nonobstant erreur sur la personne, si le but principal de celui qui l'a conclue a été d'éviter un procès et s'il est hors de doute qu'il eût également transigé et aux mêmes conditions alors qu'il n'eût pas été dans l'erreur.

102. L'erreur sur l'objet de la contestation peut également faire annuler la transaction. C'est ce que nous apprend l'art. 2053, mais il importe

de bien préciser le sens de cette disposition. Pour nous, l'art. 2053 n'est dans cette hypothèse comme dans celle où il suppose l'erreur sur la personne qu'une application du principe doctrinal de l'art. 1110. Ainsi, il ne s'agit nullement ici du cas où l'une des parties croyait transiger sur le fonds A, tandis que l'autre croyait transiger sur le fonds B. En semblable hypothèse, la transaction n'est pas seulement annulable, elle est radicalement nulle pour défaut de consentement. Il n'y a pas eu entre les parties concours de volonté, *consensus in idem placitum*. Il en serait de même au cas où les deux parties ayant bien entendu transiger sur le même fonds, l'une faisait porter la transaction sur le possessoire et l'autre sur le pétitoire. Ici encore le contrat est entaché de nullité puisque les parties n'ont pas été d'accord sur la question à résoudre.

L'art. 2053 n'a eu en vue, comme l'art. 1110, que l'erreur sur la substance de l'objet du contrat. Et ce qui le prouve, c'est qu'il nous dit que cette erreur peut faire rescinder la transaction, c'est donc qu'elle n'a pas fait obstacle à son existence. C'est de cette erreur que nous allons nous occuper en étudiant les art. 2054, 2055, 2056 et 2057.

193. Aux termes de l'art. 2054, « il y a lieu » l'action en rescision contre une transaction, » lorsqu'elle a été faite en exécution d'un titre » nul, à moins que les parties n'aient expressé- » ment traité sur la nullité. »

Disons tout d'abord que le mot *titre* comprend

ici non-seulement l'acte instrumentaire servant de preuve à la convention ou à la disposition dans le cas où cet acte est une condition de la validité de cette convention ou de cette disposition, mais encore le fait juridique sur lequel se fondent les prétentions litigieuses. Disons aussi que le mot *nul* doit être pris ici dans un sens absolu, c'est-à-dire comme désignant non-seulement le titre rescindable, mais encore le titre juridiquement inexistant.

194. Cela dit, lorsque la partie qui invoque la nullité ignorait en fait la circonstance à laquelle cette nullité était attachée, il lui suffira de prouver cette nullité pour faire rescinder la transaction. Elle n'aura pas à établir qu'elle ignorait la nullité, et on ne pourra prouver qu'elle en avait connaissance. Il y a ici une présomption de la loi qui exclut toute preuve contraire (art. 1352 C. civ.). Mais dans l'hypothèse où la partie qui invoque la nullité connaissait en fait la circonstance à laquelle était attachée cette nullité, il y a évidemment alors erreur de droit de sa part. Comment en ce cas concilier l'article 2054 avec l'article 2052 qui décide que les transactions ne peuvent être annulées pour erreur de droit? Trois systèmes ont été proposés pour combiner ces deux articles.

195. Dans un premier système, soutenu par M. Merlin le 23 juin 1813 devant la chambre civile de la Cour de cassation (Rép., v° Trans., § 5, n° 4), si la transaction est rescindable dans le

cas de l'article 2054, c'est uniquement parce que la nullité du titre ne faisait pas l'objet de la transaction « et qu'une transaction ne peut ja-
» mais, suivant les articles 2048 et 2049, s'é-
» tendre à des objets sur lesquels ne portaient
» pas les différends que les parties ont voulu
» terminer ou prévenir. Or, ajoutait M. Merlin,
» ce motif n'est pas restreint au cas où le titre
» nul, en exécution duquel on a transigé, a été
» supposé valable par une erreur de fait; il est
» commun au cas où le titre a été supposé va-
» lable par une erreur de droit, et dès lors à
» quel propos voudrait-on restreindre au pre-
» mier de ces deux cas la disposition de l'ar-
» ticle 2054? »

Pour soutenir la généralité de la disposition de l'article 2054, M. Merlin argumente de la différence existant entre le texte définitif de l'article 2052 et sa rédaction primitive ainsi conçue : « Les transactions ne peuvent être attaquées
» pour cause d'erreur dans la nature du droit
» litigieux. » Et parce que l'article 2054 avait un sens général au moment où l'article 2052 était muet sur l'erreur de droit, M. Merlin veut que ce sens général ait persisté même en ce qui touche l'erreur de droit, bien que l'article 2052, modifié sur la proposition du Tribunat, ait décidé que cette erreur n'annulait pas la transaction. Si la pensée du Tribunat avait été en réalité de changer le sens de l'article 2052, il est évident, contrairement à l'opinion de M. Merlin,

que la généralité de l'article 2054 s'en serait trouvée restreinte. Mais il est certain que ce changement de rédaction a eu pour objet non de modifier le sens de l'article, mais de le rendre plus clair. « L'expression qu'on proposa de substituer était trouvée plus satisfaisante, en ce » qu'elle était plus généralement usitée, et que » l'ancienneté de l'usage avait fixé les idées sur » son véritable sens. » (Fenet, t. XV, p. 100.) M. Merlin, dans son système, laisse de côté l'article 2052 et son raisonnement aboutit à rendre inutile la disposition de cet article, car celui qui attaque une transaction pour erreur de droit peut toujours soutenir qu'il n'a pas entendu transiger sur la difficulté que son erreur l'empêchait d'apercevoir. Mais comme il est impossible d'admettre ce résultat, il faut, en présence de la disposition formelle de la loi qui proscrit, et avec raison, la rescision pour cause d'erreur de droit, restreindre au cas d'erreur de fait la disposition de l'article 2054.

196. Un second système, soutenu par MM. Aubry et Rau (n° 422), présente la nullité de la transaction faite en exécution d'un titre nul, comme tenant à l'absence de cause, de sorte que la transaction pourra toujours être attaquée sans qu'il y ait à distinguer entre l'erreur de fait et l'erreur de droit, et même en l'absence de toute erreur. Mais si la transaction faite en exécution d'un titre nul est sans cause, comment peut elle n'être qu'annulable? N'est-elle pas absolument

inexistante? Comment alors pourrait-il y avoir lieu à l'action en rescision? D'après ce système, l'article 2054 serait une dérogation aux articles 1338 et 1340 en ce qu'il ne considérerait point comme une confirmation suffisante du titre nul l'exécution qui lui a été donnée par la transaction conclue, même en connaissance de cause, sur les effets de ce titre. Or, on ne voit pas pourquoi on admettrait ici cette exception aux principes.

197. Enfin, suivant un troisième système soutenu par MM. Toullier (t. III, II° part. p. 43), Duranton (n° 423) et Troplong (n° 145-149), la transaction sur titre nul ne peut être rescindée qu'autant que la nullité a été ignorée par suite d'une erreur de fait. Si le titre n'est supposé valable que par une erreur de droit, la transaction sera maintenue. Ainsi, un héritier transige sur un testament qu'il n'a jamais eu entre les mains, et ce testament n'est pas signé. L'héritier pourra évidemment faire rescinder la transaction. Si au contraire il a eu connaissance de cette absence de signature, il ne pourra invoquer son ignorance de la nullité résultant de ce vice. Ce ne serait plus une erreur de fait qu'il invoquerait, mais une erreur de droit, et cette erreur ne peut faire rescinder la transaction.

Ce système a été adopté par plusieurs arrêts de la Chambre des requêtes (25 mars 1807. — 28 déc. 1829. — 14 nov. 1838). Il a l'avantage de concilier les articles 2052 et 2054, et c'est pour cette raison qu'il nous paraît devoir être accepté. Comment admettre en effet que le législateur ait entendu dans l'un de ces articles déroger à l'autre quand rien, ni dans le texte de la loi, ni dans les travaux préparatoires, ne peut faire supposer cette dérogation?

198. « La transaction faite sur pièces qui depuis ont été reconnues fausses est entièrement » nulle. » Telle est la disposition de l'article 2055. Il suppose que les parties avaient considéré comme certaine la validité des titres sur lesquels est intervenue la transaction, de sorte que le consentement de l'une d'elles, peut-être de toutes les deux, est le résultat d'une erreur. Mais si les parties avaient transigé sur la fausseté certaine ou probable des pièces relatives au procès, la transaction, l'article 2054 nous l'a dit, serait parfaitement valable.

199. Quand la fausseté des pièces aura été reconnue, soit volontairement, soit judiciairement, la transaction sera-t-elle nulle pour le tout, ou bien n'y aura-t-il de nulles que les clauses fondées sur les pièces fausses? En droit romain, nous l'avons vu, la transaction n'était nulle que sur les chefs relatifs à la pièce reconnue fausse. Notre ancien droit avait admis cette doctrine (Domat, L. civ., liv. I, tit. XIII, sect. II, n° 4). Mais notre législateur, consacrant ici le principe rationnel de l'indivisibilité de la transaction, a entendu modifier dans l'article 2055 la règle romaine; la transaction tombera donc même pour les clauses étrangères aux titres nuls. C'est en ce

sens qu'il faut interpréter ces mots de notre article : « la transaction est entièrement nulle ; » ils ne signifient point qu'elle est radicalement nulle, puisqu'il dépend de la partie qui a été induite en erreur sur la valeur des titres d'en demander ou non l'annulation. M. Bigot-Préameneu s'est nettement expliqué sur ce point dans l'exposé des motifs : « Lors même, dit-il, que les divers points » sur lesquels on a traité sont indépendants » quant à leur objet, il n'en est pas moins incer- » tain s'ils ont été indépendants quant à la vo- » lonté de contracter, et si les parties eussent » traité séparément sur l'un des points. » (Fenet, t. XV, p. 110.)

200. « La transaction sur un procès terminé » par un jugement passé en force de chose jugée » dont les parties ou l'une d'elles n'avaient point » connaissance est nulle », dit l'article 2056. « Si » le jugement ignoré des parties était susceptible » d'appel, la transaction sera valable. » Lorsqu'un jugement passé en force de chose jugée ou rendu en dernier ressort a déjà terminé le litige, la transaction postérieure intervenue entre les parties dans l'ignorance où elles sont de ce jugement sera rescindable pour cause d'erreur. Si le jugement passé en force de chose jugée n'est inconnu que de la partie gagnante, la transaction postérieure pourra encore être annulée sur la demande de cette partie. Dans ce cas, dit M. Troplong (n° 153), « à la raison tirée de l'ignorance » vient se joindre la fraude de celui qui par une

» réticence calculée a cherché à induire son ad-
» versaire en erreur. » Si c'est au contraire la partie perdante qui ignore seule le jugement, il est clair, malgré la généralité des termes de notre article, que la transaction consentie par le gagnant serait inattaquable.

201. Mais l'existence d'un jugement susceptible d'être attaqué par la voie de l'appel ne peut faire obstacle à la validité de la transaction, et cela quand même il serait inconnu des parties. Le débat en effet n'est point terminé, et il est à présumer que la connaissance du jugement n'eût pas empêché les parties de transiger. Il en serait de même au cas où le jugement serait déjà attaqué.

202. L'art. 2046 ne parle que du cas où le jugement est susceptible d'appel; mais il est hors de doute que si le jugement pouvait être attaqué par la voie de l'opposition, la transaction intervenue serait également valable.

203. L'art. 2056 ne dit rien non plus de l'hypothèse où le jugement est susceptible d'un pourvoi en cassation. M. Bigot-Préameneu en donna la raison au Corps législatif : « On ne
» fait point mention dans la loi du pourvoi en
» cassation qu'elle autorise en certains cas con-
» tre les jugements qui ne sont pas susceptibles
» d'appel. Le pourvoi en cassation n'empêche
» pas qu'il y ait un droit acquis, un droit dont
» l'exécution n'est pas suspendue; mais si les
» moyens de cassation présentaient eux-mêmes

» une question douteuse, cette contestation » pourrait, comme toute autre, être l'objet d'une » transaction. » (Fenet, t. XV, p. 111.)

204. Il en faut dire autant de la requête civile; lors même que le jugement ignoré des parties en serait susceptible, la transaction pourrait être annulée. Cette voie extraordinaire d'attaque contre un jugement ne lui enlève pas plus que le pourvoi en cassation l'autorité de la chose jugée; ce n'est même qu'à l'égard d'un jugement ayant cette autorité qu'elle peut être employée (art. 180 C. pr.). Or l'art. 2056, en déclarant annulable la transaction sur un jugement ayant force de chose jugée dont les parties n'avaient pas connaissance, ne distingue pas s'il est ou non susceptible d'être attaqué par la voie du recours en cassation ou de la requête civile. Sa disposition est absolue, et dans tous les cas la partie gagnante pourra faire rescinder la transaction quand même une de ces voies extraordinaires de recours serait ouverte à l'autre partie contre ce jugement, sauf à celle-ci à user de ce recours, et la transaction qui interviendrait alors pour y mettre obstacle serait évidemment valable. Mais si la partie perdante avait seule ignoré l'existence du jugement passé en force de chose jugée susceptible d'être attaqué par une voie extraordinaire, la transaction intervenue sur ce jugement serait valable parce que la partie gagnante a contracté ici en connaissance de cause.

205. L'art. 2056 n'annulant la transaction

faite sur un procès jugé en dernier ressort que quand ce jugement a été ignoré, au moins de la partie gagnante, il faut en conclure que lorsqu'il ne l'a pas été, la chose jugée ne fait point obstacle à la transaction (MM. Merlin, Rép., vº Trans., § 2. — Marbeau, nºˢ 135 et 166. — Cass., 16 prair. an XII). En droit romain, au contraire, nous savons que l'existence connue ou ignorée d'un jugement en dernier ressort faisait toujours obstacle à la transaction. Notre législateur a pensé fort sagement que le doute pouvait subsister dans l'esprit des parties même après le jugement rendu, et il tient pour valable la transaction intervenue ensuite. Le Code civil n'a fait que se conformer en cela à notre ancienne jurisprudence (Argou, Inst. au dr. franç., liv. II, ch. X).

206. On a objecté, contre le système que nous venons d'exposer, que là où il y avait jugement ayant force de chose jugée, que ce jugement fût connu ou ignoré des parties, il n'existe plus aucun doute et que par suite la transaction n'a pu se former faute de *res dubia*. Mais ce qui prouve que telle n'est pas la cause de cette nullité et qu'elle ne tient, comme nous l'avons dit, qu'à l'erreur, c'est que d'après l'art. 13 du projet qui devint l'art. 2056, la transaction sur chose jugée devait toujours être nulle, sans distinguer si l'existence du jugement était ou non connue des parties lors de la transaction. La rédaction définitive en faisant cette distinction ne fournit-elle

pas la preuve la plus évidente que l'erreur est ici la seule cause de rescision?

207. L'art. 2057 prévoit le cas où, postérieurement à la transaction, on a découvert un titre duquel il résulte que l'une des parties n'avait aucun droit sur l'objet de la contestation. La découverte de ce titre fera-t-elle tomber la transaction pour cause d'erreur? Le Code civil, contrairement au droit romain qui dans ce cas maintenait quand même la transaction, fait une distinction qu'il a empruntée à notre ancien droit (Domat, L. civ., liv. I, tit. XIII, sect. II, n° 3). La transaction sera nulle si elle porte sur une affaire déterminée, ou sur une certaine catégorie d'affaires. Les parties ont alors tenu pour indubitable l'existence du titre postérieurement découvert. Il y a dans ce cas erreur sur l'objet de la transaction qui doit être annulée pour vice de consentement. Que si la transaction est intervenue sur toutes les difficultés que les parties pouvaient avoir ensemble, alors les contractants sont censés avoir prévu toutes les éventualités, et entre autres l'existence possible des titres postérieurement découverts. L'erreur a porté alors sur un point considéré comme douteux; elle ne vicie pas le consentement et la transaction est inattaquable. Toutefois, si ce titre avait été retenu frauduleusement par l'une des parties, la transaction pourrait toujours être attaquée, car il y aurait là un dol pouvant entraîner rescision.

208. Dans tous les cas où il y aura lieu à l'action en rescision de la transaction, cette action ne pourra, conformément aux principes généraux, être intentée que par celle des parties qui a intérêt à se prévaloir de la cause de rescision.

Dans le cas où la transaction aura eu lieu sous forme de contrat, la partie qui l'attaquera procédera par voie d'action principale en rescision. Quand il s'agira d'une transaction judiciaire, c'est-à-dire d'une transaction formée par jugement convenu homologué par le tribunal, celle des parties qui voudra la faire annuler devra procéder par voie d'action principale et non par voie d'appel du jugement d'homologation, car l'homologation suffirait alors, le délai d'appel expiré, pour couvrir toutes les nullités antérieures. Cette opinion, admise dans notre ancien droit (d'Argentré, sur l'art. 265, cout. de Bret.), se fonde sur ce que la transaction judiciaire conserve son caractère de contrat (MM. Merlin, Quest., v° Appel, § 1, n° 6. — Troplong, n° 37. — Massé et Vergé, p. 440, note 47. — Aix, 5 févr. 1832). Mais, dans le cas où les parties ont simplement présenté des conclusions au tribunal, alors la transaction a véritablement le caractère d'un jugement et doit être attaquée par les voies ordinaires de recours.

209. Comme toutes les actions de ce genre, l'action en rescision de la transaction s'éteindra par l'exécution volontaire, par la ratification expresse ou par la prescription de dix ans. Le point de départ de cette prescription varie suivant le vice

dont est entachée la transaction (art. 1304 C. civ.).

210. Lorsque l'erreur porte sur l'objet non litigieux reçu par l'une des parties en retour de l'abandon de ses prétentions sur la chose litigieuse, elle donne ouverture à rescision. On applique ici les principes généraux.

211. Enfin quand il y a erreur de calcul dans la transaction, elle doit être réparée (art. 2058); c'est là un principe de droit commun. Par erreur de calcul, il faut entendre une erreur contre l'arithmétique. Cette erreur est involontaire de la part des transigeants, on doit la faire disparaître; mais il ne faudrait pas confondre avec une erreur de ce genre la prétention élevée par l'une des parties au moyen d'un chiffre qu'elle formule et que l'autre partie déclare exagéré. On serait alors dans le cas dont entendait parler M. Bigot-Préameneu lorsqu'il disait : « On ne pourrait pas » également regarder comme certaine cette vo- » lonté (d'éviter toute erreur de calcul), s'il » s'agissait d'erreurs faites par les parties dans » l'exposition des prétentions sur lesquelles on a » transigé. » (Fenet, t. XV, p. 112.) Dans ce cas, il n'y a évidemment pas lieu d'appliquer l'article 2058.

212. Il nous reste à rechercher si la lésion peut faire annuler une transaction. Nous avons vu qu'en droit romain la négative n'était point douteuse. Mais dans notre ancien droit, la question était fort controversée et nombre de juris-

consultes admettaient que la lésion enorme était une cause de rescision (Casarégis, disc. 213, n° 4). — Deluca, *de regal.*, disc. 195, n° 11). Mais l'ordonnance de Charles IX d'avril 1560 décida que nul ne serait reçu sous prétexte de lésion quelconque à attaquer une transaction « s'il n'y a » autre chose alléguée contre icelle ». Cette disposition d'une utilité incontestable dans notre ancien droit où la lésion était une cause de nullité dans tous les contrats a été reproduite par l'article 2052 (2ᵉ alin.), où elle est d'ailleurs inutile puisque la lésion n'entraîne plus que par exception la nullité d'un contrat (art. 1118, C. civ.).

213. Du reste, un semblable vice pourrait-il se rencontrer dans une transaction puisque le droit qui en fait l'objet est nécessairement incertain? Comment apprécier la lésion en présence de cette incertitude? Il y a là impossibilité absolue d'appréciation, et c'est ce qui faisait dire à M. Bigot-Préameneu qu'il « n'y a point de contrat à l'égard duquel l'action en rescision soit » moins admissible. » (Fenet, t. XV, p. 114.)

214. Toutefois, si la transaction intervient sur un partage, l'action en rescision pour lésion de plus du quart serait admise en vertu de l'article 888 du Code civil, car tout acte qui tient lieu de partage est rescindable pour lésion.

Il y a là, comme dit M. Troplong (n° 141), plutôt un partage entre héritiers qu'une véritable transaction. Aussi la Cour de Caen a-t-elle jugé le 3 mars 1855 que, lorsqu'il y a ainsi partage opéré par transaction, cette convention est annulable pour lésion.

215. En dehors de cette exception, et en présence de la disposition formelle de la loi, la transaction ne peut jamais être rescindée pour cause de lésion, même au cas de minorité. Les idées de lésion et de transaction sont contradictoires entre elles, et c'eût été favoriser d'autant plus étrangement la mauvaise foi que de permettre d'attaquer une transaction sous prétexte de lésion, que c'est surtout en matière de transaction que la bonne foi doit faire la base des conventions.

POSITIONS.

—

DROIT ROMAIN.

I. — La transaction constitue toujours une juste cause de possession et permet d'usucaper l'objet litigieux aussi bien que l'objet non litigieux.

II. — La transaction n'entraîne pas obligation de garantie en cas d'éviction de l'objet litigieux.

III. — La transaction sur crime capital, impunie du côté de l'accusé, n'est ni valable ni impunie du côté de l'accusateur.

IV. — La transaction n'est pas annulable pour cause de lésion.

V. — Dans le cas où une transaction est rescindable pour cause de violence, la *restitutio in integrum* est quelquefois utile et même indispensable.

VI. — La L. 3, *princip.* et la L. 14 D., *de trans.*, peuvent se concilier.

VII. — La L. 6 C. *de trans.*, n'est pas contredite par la L. 27, *pr.*, D., *de inoff. testam*

DROIT CIVIL.

I. — La transaction est un titre translatif de propriété, tant à l'égard de l'objet litigieux qu'à l'égard de l'objet non litigieux.

II. — La transaction entre époux est valable.

III. — Si la transaction qui intéresse un mineur en tutelle a été faite sans que les formalités prescrites par l'art. 467 C. civ. aient été observées, cette transaction donne lieu à l'action en rescision au profit du mineur, indépendamment de toute lésion, et cela sans distinguer si la transaction est l'œuvre du mineur lui-même ou de son tuteur.

IV. — La transaction sur une question d'état est nulle, qu'elle soit ou non considérée comme favorable à la personne.

V. — La transaction sur dons et legs d'aliments est valable.

VI. — Dans l'hypothèse d'une transaction accompagnée d'une clause pénale, l'intention des parties doit être interprétée dans le sens du cumul quand la portée qu'elles ont entendu donner à cette clause n'a été indiquée ni explicitement ni implicitement lors de la convention.

VII. — L'inexécution de la transaction par l'une des parties n'autorise pas l'autre à demander la résolution du contrat en vertu de l'article 1184 C. civ.

VIII. — Les articles 2052 et 2054 C. civ. ne sont pas inconciliables, car l'article 2054 ne s'applique qu'au cas où la nullité du titre en exécution duquel on a transigé n'a été ignorée que par suite d'une erreur de fait.

DROIT PÉNAL.

I. — L'action publique n'est pas éteinte par la condamnation du prévenu de plusieurs délits à la peine la plus forte; elle peut s'exercer encore à l'égard des délits auxquels n'a pas été appliquée la peine portée contre eux par la loi.

II. — La voie extraordinaire de cassation établie par l'art. 441 du C. Instr. cr. ne peut porter atteinte aux droits acquis par la chose jugée; mais les parties intéressées peuvent, s'il y a lieu, se prévaloir de cette mesure.

DROIT DES GENS.

I. — L'assiégeant ne peut commencer le bombardement d'une ville, même fortifiée, sans en avoir, au préalable, donné avertissement aux autorités.

II. — L'abolition de l'usage de la course maritime doit faire proclamer l'abolition de l'emploi des corps francs.

PROCÉDURE CIVILE.

I. — Il n'est pas nécessaire que l'exception de litispendance soit proposée avant toutes autres exceptions ou défenses.

II. — Le tribunal français, requis d'imprimer au jugement rendu par un tribunal étranger la force exécutoire, n'a pas à examiner de nouveau l'affaire quand le jugement a été rendu contre un étranger. Il devra l'examiner au contraire s'il a été rendu contre un Français.

Vu par le Doyen,
G. Colmet-Daage.

Vu par le Président de la thèse,
E. Labbé.

Vu et permis d'imprimer,
Le Vice-recteur de l'Académie de Paris,
A. Mourier.

Paris. — Imprimerie de E. Donnaud, rue Cassette, 9.

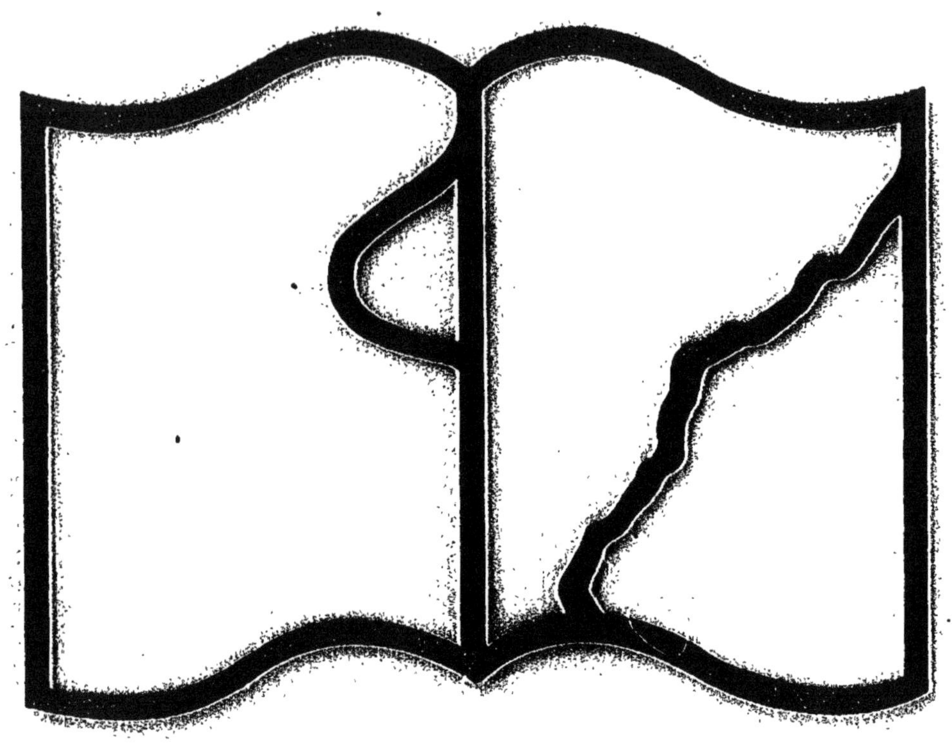

Texte détérioré — reliure défectueuse

NF Z 43-120-11

www.ingramcontent.com/pod-product-compliance
Ingram Content Group UK Ltd.
Pitfield, Milton Keynes, MK11 3LW, UK
UKHW021054230726
13926UKWH00004B/1850

9 782016 205815